中国科学技术大学创新创业丛书
编委会

破土

中国科大“新苗计划”创新创业案例

主　　编　朱东杰

执行主编　赵　征

副 主 编　鲁金茗　骆念武

编　　委　朱东杰　赵　征　鲁金茗

陶妍妍　骆念武　赵　媚

宋红彪

中国科学技术大学出版社

内容简介

中国科学技术大学双创训练营“新苗计划”是为学校学生“双创基金”支持项目量身打造的专项辅导计划，旨在通过项目指导和展示交流等活动培育学校学生“种子期”创新创业项目和团队，使其成长为创新创业“新苗”。本书围绕中国科大创新创业“新苗计划”，选取13支具有科大特色的创新创业团队，以侧记、访谈、评论等形式，从项目创意、成长故事、思考感悟、导师点评、经验分享等视角，记录了创新创业“新苗”汲取营养、奋力“破土”的成长轨迹和心路历程，以期做到“讲好创新创业故事，提高创新创业能力”，为学校创新创业团队建设提供参考和借鉴。

图书在版编目(CIP)数据

破土：中国科大“新苗计划”创新创业案例/朱东杰主编. —合肥：中国科学技术大学出版社，2021.5

ISBN 978-7-312-05202-6

I. 破… II. 朱… III. 大学生—创业—案例 IV. G647.38

中国版本图书馆CIP数据核字(2021)第067856号

破土：中国科大“新苗计划”创新创业案例

POTU: ZHONGGUO KEDA “XIN MIAO JIHUA”CHUANGXIN CHUANGYE ANLI

出版 中国科学技术大学出版社
安徽省合肥市金寨路96号，230026
http://press.ustc.edu.cn
https://zgkxjsdxcbs.tmall.com

印刷 合肥华苑印刷包装有限公司

发行 中国科学技术大学出版社

经销 全国新华书店

开本 710 mm×1000 mm 1/16

印张 14.75

字数 198千

版次 2021年5月第1版

印次 2021年5月第1次印刷

定价 100.00元

奏响新时代创新创业的“青春之歌”
(代序)

百年大计,教育为本。

习近平总书记在考察中国科学技术大学时说:“教育是实现‘两个一百年’奋斗目标的基础。”在全国教育大会上,总书记进一步指出,“要提升教育服务经济社会发展能力”,“推进产学研协同创新,积极投身实施创新驱动发展战略,着重培养创新型、复合型、应用型人才”。总书记的嘱托高瞻远瞩,内涵寓意深远。

青年兴则国家兴,青年强则国家强。今天,我们比历史上任何时期都更需要建设世界科技强国,我们对创新创业人才的渴求比以往任何时候都更加强烈。为建设社会主义现代化强国提供一流创新创业人才支撑,是高校必须肩负起的责任与使命,是做好创新创业教育必须回答好的时代命题。

高校立身之本在于立德树人。

中国科学技术大学始终坚持把立德树人作为根本任务,坚持“红专并进、理实交融”的校训,着力践行以学生发展为中心的育人理念。大力培养“有理想、有追求、有担当、有作为、有品质、有修养”的“六有”大学生,努力造就德才兼备、又红又专的优秀人才;以本科生书院、创新创业学院建设为抓手,积极推行大类教育、专业培养的“2+X”培养模式,形成具有“中国特色、科大风格”的一流创新人才培养体系。

中国科学技术大学始终坚持创新立校,尊重首创精神。学校积极响应国家"创新驱动发展"和"大众创业、万众创新"战略号召，充分发挥科研、教育、人才优势，积极整合优质资源，建立跨学科协同创新的教育孵化平台，培养具备创新精神和创业能力的优秀人才，促进科技成果转移孵化，服务创新型国家战略。

中国科学技术大学始终坚持优化布局，构筑卓越创新体系。学校着力优化学科布局，确立了基础学科加快"率先一流"建设，"新工科"、"新医学"和"特色文科"持续推进的学科发展战略，结合学校自身特色，打造"科"字当头的"特色文科"，与"理工医"深度交叉融合，成为引领科研"无人区"探索的指路明灯，推动科学研究跨越式发展。

中国科学技术大学始终坚守"科教报国、追求卓越"的初心使命。作为国家首批"双一流"建设高校，中国科学技术大学坚持以铸就学生创新灵魂为导向，坚持以科技创新创业为引领，坚持以教育培养为根基，坚持以课堂、竞赛、活动为载体，积极引导、辅导、指导大学生创新创业实践，努力实现大学生学业、创业、就业的结合，激励一代代科大学子以勇攀科学高峰为理想、以科教报国为己任、以自立自强为追求，为他们打上最鲜亮的时代底色。

创新创业人才的发现、发掘、培养是高等教育的重要使命。中国科学技术大学创新创业的步伐从未停歇：从人工智能到量子科技，从"托珠单抗"到"嫦娥奔月"，从大科学装置、科大先研院到合肥综合性国家科学中心……处处闪耀着科大人奋斗的身影，处处凝结着科大人智慧的结晶，处处散发着科大人创新创业的活力。这是中国科大"红专并进"的生动实践，是中国科大"理实交融"的特色展现，更是中国科大"立德树人"的责任担当。

让人欣喜与振奋的是，随着中国科大创新创业教育的不断深入和发展，一批又一批优秀的科大学子正在成为创新创业"新苗"，他们正在“破土”而出,他们带着朝气、富有梦想。不远的将来,他们必将成为中国科技创新创业的重要力量。

大学的今天,就是社会的明天。中国科学技术大学将进一步全面贯彻落实习近平总书记关于中国科大发展的系列重要指示精神,加快构建创新创业教育的新体系,探索创新创业教育的新模式,构造开放、包容、合作、创新的创客文化,鼓励、支持、引导青年学子“把论文写在祖国的大地上,把科技成果应用在实现现代化的伟大事业中”,在实现中华民族伟大复兴“中国梦”的征途上,奏响新时代创新创业的“青春之歌”!

舒歌群

中国科学技术大学党委书记

前　言

中国科学技术大学是教育部认定的首批"创新创业教育改革示范高校"。学校始终把创新创业人才的培养作为教育改革的核心，为了更高效地统筹协调全校创新创业教育和人才培养工作，2019年11月，中国科学技术大学创新创业学院正式成立。

创新创业学院成立伊始，即提出了"铸魂、赋能、培优"的建院宗旨，以铸造学生创新创业灵魂、提升学生创新创业能力、培养顶尖科技创新创业人才为目标，打造具有中国科大特色的创新创业教育培养体系。

2020年5月，在校科研部、团委、先进技术研究院、教务处、研究生院和招生就业处等部门的密切协作下，"中国科学技术大学基本科研业务费学生创新创业基金"（简称"双创基金"）正式设立。"双创基金"通过公开申报、公正评审、公平竞争、无偿支持，持续培育学校本科生、研究生的创意创新项目，让学生们在创新实践中感悟和思考，培养他们的创新自觉性和主动性，进而培养科研志趣、树立创新意识。

2020年6月，为培养并发挥学生在创新创业教育中的自我培养、自我管理、自我服务能力，探索创业投资、基金管理人才培养的模式，双创学院与校科研部、团委等部门共同面向全校学生招募组建"双创基金"学生管理团队。学生管理团队参照基金管理公司的组建及运作模式，受双创学院委托，全面负责"双创基金"的管理。两支学生管理团队负责对所有申报项目组织立项评审、确定支持项目、开展培训服务、实施过程管理、组织项目考核等工作，力争使"双创基金"对我校创新创业教育发挥最大效益、做出最好成效。

中国科大创新的"双创基金"管理模式，把原本单纯的项目培育变成了培养课堂；把学生团队的创意创新过程，变成了全程开放的实践课堂。"双创基金"管理团队的同学们，不仅可以实时跟踪了解项目进展，还能够同步学习专家们对团队的专业指导。学生管理团队的招募一启动，马上得到了同学们的积极响应，每一支管理团队的成员，都历经激烈竞争才取得"上岗"资格。

这项把创新创业项目培育和创投人才培养融为一体的创新举措，在国内高校双创教育工作中属首创，得到了学校领导的大力支持，校长包信和院士亲自为两支学生管理团队授牌，并给予指导与鼓励。截至2020年12月，"双创基金"学生管理团队共遴选支持了79个项目，支持项目资金累计580余万元。

在项目团队的发展和成长中，创新创业学院和"双创基金"学生基金管理团队根据其发展阶段，制订并组织开展了"双创训练营"培养计划——"新苗计划""新秀计划"及"新锐计划"。其中，"新苗计划"旨在帮助"种子期"的项目团队顺利完成关键技术研发、早期团队组建及商业计划制订，助其成长为创新创业"新苗"。为培育好这些创新创意的"种子"，创新创业学院和"双创基金"学生基金管理团队按照"内外协作、专兼结合"的思路，聘请了校内外专家学者、成功企业家、经济管理专家、政府管理者、创业投资者、孵化服务者等担任双创导师，为项目进行技术指导、培训咨询及资源对接等支持。截至2020年12月，双创学院已经陆续聘请中国科大化学与材料科学学院教授俞书宏院士，安徽华米信息科技有限公司董事长黄汪先生，合锻智能制造股份有限公司董事长严建文先生，科大讯飞产业投资集团董事长徐景明先生，安徽云松投资管理公司总经理刘启斌先生，复旦大学中国风险投资研究中心主任张陆洋教授等24位校内外专家担任创新创业导师。我们还要感谢邓志军、孔德宝、吉青、江鑫、刘伟、刘辉、孙森、许诺、李津徽、吴海啸、俞书野、赵媚、徐利洪、徐溪红、隋政军、方隽、游浩方、梁立鹏、朱宗瑞等导师们的辛勤工作和大力支持。

在以“新苗计划”重点项目辅导会等为代表的一次次“新苗”培育活动中，我们见证了这些项目的成长、提升，参与活动的同学们也都充分感受并赞赏项目培育中贯穿的“以赛促创”“面向实战”“重在培养”的教育理念。

在众多“新苗计划”培育项目中，我们选取了13支具有中国科大特色的科技创新创业团队，将他们的项目创意、成长故事、思考感悟以及导师点评等汇编成册，在梳理创新模式、提供经验分享的同时，也记录下这些“新苗”汲取营养、奋力“破土”的过程。

就此机会，谨向在双创训练营“新苗计划”执行过程中给予支持帮助的校科研部、团委、先进技术研究院、教务处、研究生院、招生就业处、财务处、对外联络与基金事务处、工程科学学院、信息科学技术学院、化学与材料科学学院、物理学院、人文与社会科学学院、管理学院、计算机科学与技术学院等部门的领导和老师，以及科大讯飞AI产业加速中心、西藏华颖投资管理有限公司、安徽五十六钡教育科技有限责任公司、中国银行、领创荟等各界的伙伴，表示衷心的感谢！

我们还要感谢13支创业团队的全体成员，以及尹玉、徐扬、王珏、李贤雪和程利等人在本书资料收集和编写过程中的辛勤付出。感谢丁星老师为本书提供部分插图。感谢中国科学技术大学出版社领导和编辑对本书出版的大力支持。

本书所用插图，部分由“新苗计划”重点项目辅导会项目团队拍摄、制作，部分选取自创业团队提供的商业计划书。其或为原创作品，或已经取得了原图片作者的授权，故未一一署名，在此特向图片作者致谢。如有侵权，请版权所有者与本书编者（邮箱：cxcybg@ustc.edu.cn）联系，协商解决授权问题。

最后，愿我们所有的努力，都助力棵棵“新苗”，早日“破土”而出，终成参天大树。

编　者

2021年4月

目　　录

学校大力开展创新创业教育是十分有必要的。创新创业学院通过课程、活动、基金支持等工作，使同学们在校期间就有机会去尝试和探索，找到自己喜欢或擅长的方向，这对学生明确未来的发展方向和领域是非常重要的。

——俞书宏（中国科学院院士、中国科学技术大学化学与材料科学学院教授，中国科大创新创业导师）

瀚海星图：

生态智慧监管的卫星新方案

瀚海星图
AIRMAP TECHNOLOGY

瀚海星图团队在生态监管业务系统开发、卫星遥感算法研发等领域具有较好的技术积累，针对我国地理信息空间和大气环境特点，研发了具有自主知识产权的生态卫星遥感技术体系，实现了对大气污染、森林火情、植被参数等监管一体化系统的集成与开发。

团队利用卫星高光谱，根据不同类型需求，提供从全国到城市再到乡镇的多尺度污染定位溯源、臭氧和雾霾来源解析等多样化服务，产品被纳入生态环境部监测日报体系。近年来，团队产品为2019年武汉军运会、2020年上海进博会等重大活动空气质量保障提供监测数据支撑，获得了生态环境部和上海、武汉等地政府部门的高度认可。

核心团队

赵　飞

工程科学学院博士生

刘浩然

张成歆

李　波

黄立余

盛嘉隆

王言彬

张　诗

张　施

创客故事

从赛场到市场,成长才是最大的收获与褒奖

1987年9月,注册资本仅2.5万元的华为公司在深圳创立。30多年筚路蓝缕、风雨兼程,华为已成为全球领先的信息与通信技术解决方案供应商。如今的华为不仅仅是一家世界五百强公司,更是中国企业激流勇进、逆流而上的时代象征。

在世人眼里,华为取得了巨大的成就,无疑是成功的典范。然而,华为创始人任正非总是说“华为没有成功,只有成长”,直到今天,任正非依然是这样认为的。殊不知,他的这句名言、这种为人处世的态度却影响了一批创业路上的青年学子。

大赛折桂

2020年8月28日,对于赵飞和他所在的瀚海星图团队来说,是一个难忘的日子,更是一个值得纪念的日子。

这天,第六届中国国际“互联网+”大学生创新创业大赛选拔赛暨安徽省“互联网+”大学生创新创业大赛总决赛在合肥落下帷幕。赵飞领衔的瀚海星图团队以“生态卫星监管一体化系统”项目从众多项目中脱颖而出,荣获高教创意组冠军。

不到十天,赵飞团队再下一城。在第九届“挑战杯·中国联通”安徽省大学生创业计划竞赛中,瀚海星图团队的大学生创新创业项目“生态智慧监管”再获金奖。

不到一个月时间，连续参加两场大赛，最终都站在了最高领奖台上，这对于成立仅仅一年多的“双创”团队来说，无疑是莫大的肯定与鼓励。

欣喜之余，赵飞和他的小伙伴们却倍感压力。因为在这之后，还有更重要的“国赛”在等待着他们。他们要在更高舞台上和来自全国的优秀“双创”团队一较长短、再决高下。

赵飞是位当之无愧的“学霸”，2013年考入中国科学技术大学工程科学学院就读本科，2017年保送中国科学技术大学攻读博士学位。然而，清秀的外表背后却藏有一颗“不太安分”的心，他总想运用自己所学“为社会解决一些实际问题”。因为具备专业的基础，他把目光瞄向了目前最具热点效应的生态环境领域。经过自主创新，团队提出了“生态智慧监管”方案，在经历了一系列探索研究后，成功开发出了“生态卫星监管一体化系统”。

“生态智慧监管”方案最早脱胎于校内课题组的实验室项目。基于“双创”比赛，赵飞和来自中国科大其他院系分别从事遥感、环境科

学、地面仪器等不同研究方向的硕士走到了一起,组建成一支团队——瀚海星图。抱着不断尝试探索的想法,团队不间断地参加了一些“双创”比赛,希望借着比赛的契机来展现团队的项目。出乎团队成员们的意料,项目一致得到了评委们的肯定,取得了优异的比赛成绩。2019年11月,团队组建后不久,项目就获得了第三届“宣城高新杯”中国宣城大学生创新创业大赛一等奖;2020年,又相继获得多项比赛的冠军、金奖。

比赛屡次折桂,无疑给赵飞和他的团队增添了更多的信心。于是,他们决定带着项目到市场上去“闯一闯”,坚定了要把项目做成团队未来事业的决心。

市场遇阻

“在比赛中我们获得了一定的成绩,通过比赛的洗礼,我们对产品和技术有了更加深刻的认识,我们的产品也在不断走向成熟,能够在未来的市场上得到比较好的应用。”这是赵飞的初始想法。

于是,赵飞和他的团队伙伴们开始了产品的市场探索之路。然而,当他们兴冲冲地拿着研发的产品到各地生态环境部门洽谈时,发现生态环境部门对他们的产品并不“感冒”,理由非常简单:你们的产品没办法直接使用。通过进一步沟通,赵飞明白了原来自己的客户对象关注的并不是得到数据的过程,而是需要为他们提供整体的解决方案。

在做市场的同时,比赛也不能落下。站在比赛的舞台中央,赵飞同样要面对专家、评委毫不留情的质疑,承受不小的压力。在一次路演中,专家一连串的发问让台上的赵飞有些傻眼:

“你是卖产品还是卖服务?”

“你的核心产品是什么?”

“这些核心技术怎么支撑你的商业模式?”

“你要提商业就要提竞争力,为什么别人能做到不做,非要你做?”

“企业到底有没有可持续的盈利来支撑发展?”

“公司的风险在哪里?如何控制这些风险?”

…………

“创业者自己认为百分之百都准备好了,但当你真正实施计划时才发现,85%的问题你却连想都没有想过。”史玉柱曾经说过的这句话成了赵飞创业团队的真实写照。市场遇阻、专家质疑,这些都让他们清醒地意识到,科研产品和实际应用产品之间存在着很大的差距,研究与创业是两个完全不同的概念,从“此”到“彼”,中间还有一段很长的路要走。

接受、消化、吸收,然后重新调整、优化方案,并在实践中不断总结、提升。就在这一遍遍的磨合、自我修正过程中,赵飞和团队伙伴研发的产品也逐步向市场靠近。

2020年年初,湖北武汉暴发了新冠肺炎疫情。疫情期间,作为全国唯一的大气环境立体遥感监测团队,他们驰援武汉,为病毒传播风险评估提供数据支撑,这项工作得到了生态环境部的高度认可。河北保定地处京津冀,属于严重污染的区域,当地工业园区偷排漏排污染物现象较多,而现有的系统无法做到大范围监测。瀚海星图为工业园区免费提供了试用产品,帮助环境部门检测出8家偷排漏排的企业。

“我们希望在大家的帮助下,把这个项目踏踏实实地做大做强,给未来环境保护事业作出更多贡献。”赵飞说。

最大收获

青春,自有青春的向往;梦想,总有梦想的追求。

对于创业,有人以成败论英雄,有人痛并快乐着;有人走向了巅峰,有人则铩羽而归。创业,从来就不是一件容易的事情,没有人能随随便便取得成功。赵飞当然深谙其中的道理。“每天都很刺激”,这是赵飞对创业的感悟。

瀚海星图团队成员大多都是“技术男”,是一个非常偏技术性的团队,技术是优势,而过于依赖技术,缺乏管理、营销人才,团队创业的短板也逐渐呈现。再加上理念、想法的不统一,团队中间出现过几次分歧和争吵,好在“最后大家坐下来把这个事情说好了”,团队又重新回到正常的轨道上。

然而,在有限的空闲时间,赵飞也会思考,或与团队伙伴们坐下来一起商讨:如果创业失败会怎么样?是彻底放弃还是从头再来?这些问题不止一次困扰着赵飞,尤其是每当遭遇一些挫折时,这一个个疑问就会不断闪现在他的脑海之中。

一次次的自我反问，一次次的团队协作，一次次的总结提升，最终，赵飞找到了给自己以及团队的答案："创业失败的话，也不是人生就结束了，创业过程中我们也会有很多收获，收获才是最重要的。"

这一年多来，赵飞经常代表团队去参加各类"双创"比赛，除了项目本身，他被问到最多的一个问题是："到目前为止，你觉得你自己最大的收获是什么？"被问得多了，思考自然也多了。"最大的收获是在这个过程中，我们凝练了一个非常强大的团队，而且我们团队的凝聚力越来越强。同时，我们每个人都有提升，以前我们只是埋头做技术，现在市场逼着我们去接触客户，去做营销，逼着我们自己学习这方面的知识，提升这方面的能力。应该说，成长才是我们最大的收获！"赵飞给出的回答越来越坚定，也越来越自信。

项目价值

2020 年 3 月 3 日，中共中央办公厅、国务院办公厅印发了《关于构建现代环境治理体系的指导意见》，提出要强化监测能力建设，加快构建陆海统筹、天地一体、上下协同、信息共享的生态环境监测网络，实现环境质量、污染源和生态状况监测全覆盖，全面提高监测自动化、标准化、信息化水平，推动实现环境质量预报预警，确保监测数据"真、准、全"。同年3月11日，生态环境部发布《关于推进生态环境监测体系与监测能力现代化的若干意见》（征求意见稿），提出要在2025年底前建成天地一体的国家生态质量监测网络。

环境问题是与人们生活息息相关的问题。近年来，国内空气污染问题愈发严峻，受到了政府和广大人民的高度关注。国家层面也高度重视，陆续出台了环保领域的政策法规，力争打赢蓝天保卫战。专业机构报告显示，"十四五"时期生态环境监测的市场规模将超过 4000 亿元，生态环境监测领域迎来了黄金发展期。

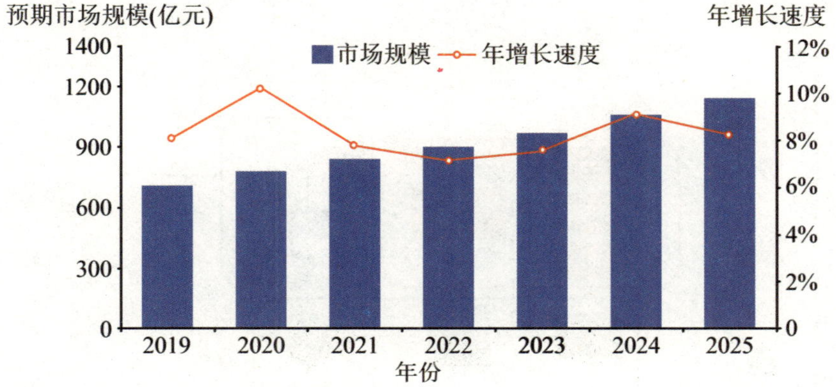

生态环境监测年份的市场规模预测

目前,国内生态环境监管模式多基于地面仪器监测、人为勘察等方式,存在覆盖范围有限、监管效率低、运维成本高等缺点。瀚海星图生态卫星监管一体化系统,根据客户的不同需求,能提供从全国到城市再到工厂的不同尺度量化排名,以及精准溯源和工单派遣等服务,真正做到了监、管一体。团队从卫星高光谱出发,攻克了卫星高光谱解析生态环境信息的技术瓶颈,最终得到空间范围全覆盖、实时、高空间分辨率(<1 km)的生态卫星监测产品,有效弥补了现有生态监管模式的不足。此外,团队研发的“生态卫星监管一体化系统”成功将所获取的生态卫星遥感产品集成融合,通过实时展现、实时对比、实时分析、实时报告,为监管部门的指挥、调度、决策提供必要信息,在很大程度上提升了监管效率,同时减少了仪器和人力的成本投入。

项目团队基于卫星高光谱分析,开发了大气辐射模型与人工智能深度耦合算法,首次实现多种大气污染物组分和植被病虫害动态的精准监测,建立了10分钟内的卫星火点监测预警系统。团队还基于遥感大数据开发了生态“智慧监管”一体化平台系统,能够实现污染溯源、排名、分析、工单派遣与管理、预报和预警等应用功能。团队开发的卫星监测产品填补了关键领域的技术空白，实现了部分生态环境卫星技术的国产自主可控。

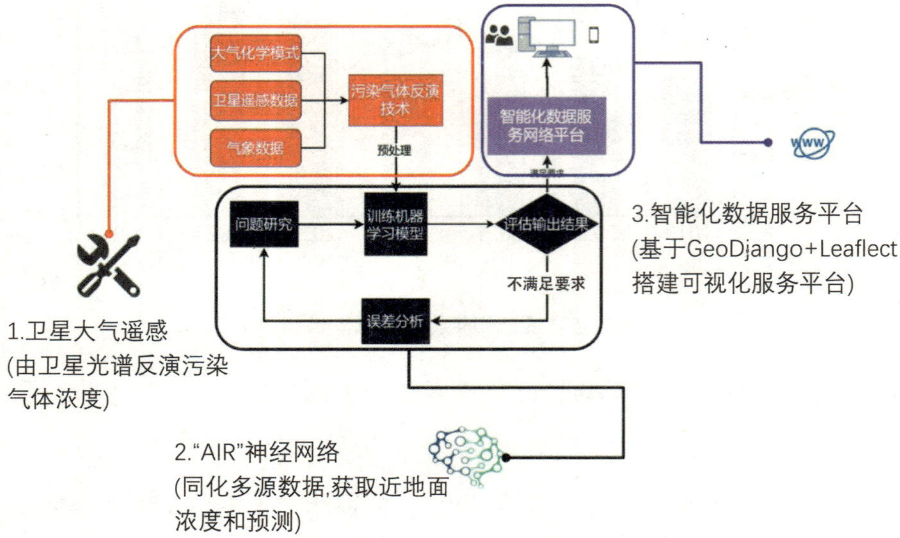

生态卫星监管一体化平台技术框架

瀚海星图团队立足于广覆盖的卫星遥感，根据太阳光在大气和地表各种物质表面独特的吸收和散射作用，解析出了各种大气污染物浓度、火点、地面植被参数等生态环境信息。相较于地面监测手段，瀚海星图团队开发的卫星产品实现了分辨率高、实时性强、覆盖面广，真正满足了生态监测的市场需求。相较于国外等卫星机构，团队产品针对中国地理信息和大气环境特征做了核心算法优化，在分辨率和及时性等指标上实现了大幅领先。团队技术首次实现基于卫星遥感的生态"智慧监管"，具有在国内国际生态遥感监测关键领域"领跑"、部分领域"并跑"的技术开发能力和储备。

访谈心声

主持人:你能够以最直白简单的描述,让非专业的人士明白项目应用在什么领域吗?

赵飞:我们的项目主要服务政府环保部门,他们一直在做监测管控环境污染的工作,全国各省市每年的污染程度排名与他们的考核是直接相关的。同时,政府每年在这项工作上的投入也是巨大的,据一些相关专业机构测算,国家在这块市场的投入就高达数百亿元。

主持人:你的项目如果落地推广的话,是不是意味着在资金投入上,能比现有市场产品节约很多?

赵飞:现在的监测系统主要是地面站点,这些站点的构建需要很多的仪器,一个站点的建设成本通常在1000万元以上。每年还要投入很多资金运营、维护这些仪器,所以一个站点每年的维护费用都相对高昂。我们的产品相对低成本,而且能做到的效果比现在地面监测具备更高的分辨率,并且能够保证数据的一致性。

主持人:你们的创意项目来源于所在的课题组实验成果,从项目启动到现在，已经经过了“互联网+”“挑战杯”等多场大赛的洗礼，未来成立公司将面临项目产业化、团队人员协作等问题。作为团队的主要负责人，你对团队至今的发展投入了什么样的努力？对未来是否有初步的规划？

赵飞：我们整个核心团队组建时间经历了一年多，我们也是在不断的实际探索过程中，逐步发展到现在的人员构架。同时，我们也认为项目的市场发展空间是巨大的，是能够作为未来事业去持续进行的。目前除了比赛之外，我们也在实实在在地开展一些市场拓展工作，包括和地方政府洽谈、和相关行业公司合作，这些工作都在有条不紊地进行，所以未来我们也会踏踏实实地持续做下去。

主持人：是什么样的节点事件，让你有了将创意项目变成自己的未来事业这样的认知转变的？

赵飞：不断参加比赛的过程对我们的帮助真的非常大。我们在最初的比赛中获得的成绩，肯定了我们前期的部分工作成果，一步一步地坚定了我们继续探索的决心。经历这样的过程，我们非常坚定地要把创意项目做成未来的事业，让卫星遥感技术在市场上得到更好的应用，实实在在地做一些事，为国家的环保发展贡献力量。

主持人：你认为比赛是认知转变的重要节点，那么通过比赛过程的认识，你认为团队的优点是什么？短板又是什么？

赵飞：我们是非常偏技术性的一支团队，技术既是我们的优势，也是我们的劣势。实际创业中技术固然重要，但是凝练出攻坚克难的团队更为重要，团队里的管理、营销人才，有可能甚至比研究、技术人才更加重要，这也是我们比较欠缺的方面。目前我们也在努力尝试完善队伍的人才配置，同时也希望能够吸引更多优秀的人才加入我们的团队。

主持人：在比赛和事业转变过程中，学校给你们提供的支持让你有什么样的感受？

赵飞:我的感受非常深刻,团队发展到今天,科大校团委和创新创业学院的很多老师都给团队提供了大量的指导和帮助,参加比赛需要提交各类项目材料,准备材料的过程非常耗时,这些工作一直都是校团委的老师们指导我们完成的。除此之外,创新创业学院的老师们经常带着我们团队去各省市参加比赛,整体提升了我们项目的质量,所以校团委和创新创业学院的老师们对我们团队的成长至关重要。

主持人:在参加比赛的过程中有没有跟其他高校的团队进行交流切磋?你感受的科大的双创团队有什么样的特点?

赵飞:在各种大赛现场,我们和其他高校的优秀团队经常进行合作和交流。通过观看其他高校优秀团队的路演过程,我感觉他们在项目材料的展现和路演的整体表现上,比科大校内的团队有很多优秀的地方,这是科大偏技术型团队的通病吧,也是我校学生需要克服的短板。

主持人:对于科大的学弟学妹们,在创新创业方面你有哪些想告诉他们的建议?

赵飞:我不建议学弟学妹们一定要来创新创业,做这样的决定前一定要认真思考。现在我们的团队也在不断思考,创新创业究竟能给我们带来什么收获,如果我们真的失败了又会有什么样的结果,所以在创业之前一定要想清楚我们想要从中得到什么。就比如说,喜欢稳定生活的人就不太适合创业,因为创业过程中的每天都充满了压力和挑战。但是即便如此,我还是非常欢迎学弟学妹们参加这些“双创”比赛,感受创新创业的氛围,每个人都会在这个过程中得到能力的提升。

专家点评

本项目致力于生态保护这个目标，可见项目的站位很高。实验室里的很多研究，最终目的是要解决现实中的问题。目前污染问题备受社会关注，如果能通过科技和研究为解决污染问题出一点力的话，这样的项目和技术是非常有价值的。

很多时候，现实中的问题背后都隐藏着更为复杂的问题，要解决这些复杂问题，就需要汇集整合不同的技术。这个项目看上去是在解决一个污染问题，也有不少研究的基础做支撑，但其实背后的技术难度仍旧是很大的。因此，这个项目的技术含量其实很高。第一，它需要数据获得；第二，它需要有算法服务；第三，它还要有算力。没有数据就谈不上研究，更谈不上算法；有了算法，还需要强大的计算能力。计算能力决定了效率，计算越快、实时性越强，意义自然就越大。比如现在天气预报比以前快速并准确了，很大程度上是缘于计算能力的提升。这个项目看起来只是监测污染的变化，实质上背后需要有很强的技术含量做支撑，这也正是创业和科学研究的最大区别。

这个项目不仅面向中国，更面向世界，将具有更广阔的应用场景。它的产品已经落地并产生收入了，未来如果做得好，不光是对中国有益，还可以延伸到世界、分享到世界，因为污染问题每个国家都有。我们希望这个项目朝着国际化的方向努力。

在整个创业过程中，除了需要专注外，每个创业者都要学会拥抱世界、放眼全球，不能是孤立的，不能是自闭的。

——黄汪（安徽华米信息科技有限公司创始人、董事长兼CEO，中国科大创新创业导师）

瀚因生命：
癌症精准治疗领域的破局者

瀚因生命

HanGene

癌症是人类健康的最大威胁，当前在癌症治疗领域有“发现晚”和“治疗难”两大难题。瀚因生命团队通过前期科研发现了一种全新的可用于精准医疗的数据类型表观基因组数据，并据此设计了一套高效的从血液中提取表观基因组数据的测序技术、分析流程，继而开发了一套针对淋巴癌的肿瘤诊断分型方法。该方法降低了90%的血液检测成本，拥有高达100%的癌症诊断准确率和90%的精准用药准确率。依此研发的产业化流程、医疗器械和相关试剂盒，可广泛用于全国各大医院的淋巴瘤检测，并且可以向其他肿瘤亚型及其他疾病拓展研发。

核心团队

方靖文
生命科学学院博士后

郭闯

胡乐

创客故事

改变人生选择的，或许就是那些不经意的瞬间

“我们医生要解决人类最根本的痛点，而最根本的痛点就是生命之痛。正如在这次疫情所感受到的，在生命之痛面前，人类是一个不可分割的命运共同体。”钟南山院士如是说。

“生命之痛”这四个字，是亘古以来人类最大的痛点。“前沿科技是推动未来医学发展的一个变革性的力量。”无疑，借助科技的手段，运用科技的力量，去关注这种痛点，甚至解决这个痛点，是一种至极的向善。

一封邮件:播种下一颗生命的种子

“瀚因生命”,是源于中国科学技术大学创业团队的一个创业项目。“瀚”字取自中国科大著名的BBS论坛“瀚海星云”。公司的愿景与使命是关注生命、呵护健康,而创业方向与基因检测紧密关联,于是,瀚因生命创始人方靖文给公司起了这样一个具有浓厚中国科大基因的名字。

从博士到公司创始人,方靖文花了整整4年的时间。可是,如果不是4年前的一封邮件,方靖文或许不会选择创业,他走的可能是另外的人生道路。

生活没有如果,只有结果。对于从小就热爱生物的方靖文来说,“学以致用”的理念始终伴随着他的读书、研究生涯,直至今天。

“I believe that Precision Medicine will make bioindustry beat open the front door to step out to mass-market product first step, and Bioinformatics & Genomics will be the stepping stones.”

(我相信,精密医学将使生物工业领先一步,迈出进入大众市场产品的第一步,而生物信息学与基因组学将成为奠基石。)

2016年春天,听说在斯坦福大学任教的瞿昆老师回国到中国科大执教的消息后,方靖文主动“冒昧”地给瞿昆老师发去第一封E-mail,申请去他的实验室攻读博士学位。瞿昆教授是中国科大的毕业生,论资排辈当是方靖文的师兄,他长期从事生物信息学、系统生物学、基因组学和遗传学等领域的研究,是这个领域的权威性人物。

方靖文很幸运,这封简短的邮件竟然得到了瞿昆教授的肯定答复,他被接受了。用方靖文自己的话来说:“我对生物产业,对‘下一代’(NGS)测序技术在临床应用的浓厚兴趣,与瞿老师可以说颇合得来。因此,我也很荣幸成为瞿老师实验室的第一位学生。”

成为瞿昆教授的博士生后,方靖文一方面致力于学术研究,一方面经常把自己“学以致用”的想法、理念拿出来跟导师讨论,寻求导师的指导与支持。自此,瀚因生命在"双创"的浪潮中,播种下了一颗小小生命的种子。

一句话:萌生了真正落地的信念

2017年,实验室的第一篇研究成果得以发表。当时,方靖文团队用瞿昆教授在斯坦福大学Howard Chang实验室发明的一种ATAC-seq技术①,首次展示了组蛋白去乙酰化酶抑制剂(HDACi)药物的精准医疗治疗机制。该成果作为首次从表观遗传组学角度解释抗肿瘤药物机理和伴随诊断的工作,发表在*Cancer Cell*期刊上。当年年底,方靖文携此成果,参与苏州冷泉港亚洲会议,并做了墙报展示。展示过程中,一位临床医生问了方靖文这样一句话:"你们这项研究非常有意义,有没有可能真正放到临床中使用?"

或许只是这位临床医生"条件反射"式的一次追问,毕竟,临床医生

---

① ATAC-seq (Assay for Transposase-Accessible Chromatin with high throughput sequencing)是美国Stanford大学的William Greenleaf教授在2013年所研发的一种全新方法,利用DNA转座酶结合高通量测序技术来研究染色体的可进入性。

最为看重的是临床应用,又或许他真的满心期待方靖文团队的“梦想能照进现实”,那一刻,方靖文团队被“击中了”。他说:“如果说之前和瞿老师的产业化聊天都是畅想,那么,临床老师的这句话,第一次让我们萌生了把研究成果真正落地的信念。”

时不我待,趁着信念爆燃的时刻。从苏州参加完会议回来,方靖文立即投入到把信念落地的工作当中。“凡事预则立,不预则废”,对于一贯主张“学以致用”的方靖文来说,组建核心团队是第一步。他先联系了瞿老师的中国科大本科同学,也就是今天瀚因生命的市场副总裁胡乐,向他讲述了自己的初始想法。胡乐拥有多年医药领域市场销售经验,听了小师弟方靖文的介绍后,又查阅了很多资料,非常支持方靖文团队提出的伴随诊断概念,并参与进来为团队设定了初始框架。

要想信念落地,仅凭现有的人手是远远不够的。在接下来的一段时间里,方靖文充分发挥自身优势,先后拉了一批中国科大同学、师兄弟们“入伙”,团队建设逐渐成型。

瀚因生命,即将破土!

一次路演：项目受到青睐，幸运落地

"恭喜，经评审专家讨论决定，瀚因生命项目获选5213'领航类'支持计划。"回想起2018年代表团队参加杭州市创业比赛的情景，方靖文依然记忆犹新，冷静中不乏有一丝激动。"对于瀚因生命项目来说，这是一个历史性的时刻，也是一个关键的节点。"

2017年参加苏州会议被临床医生"刺激"后，方靖文组建了团队，开启了产业落地的征程。然而，仅有一个团队，想把团队的想法和成果落地到现实中，必然面临的问题是：钱从哪来？没有经费，再好的创意只能是纸上谈兵，再好的研究只会束之高阁。

独立的经费、独立的场地、独立的人员从事这样的研发，这些都是困扰项目向前推进的因素。方靖文当时也只是中国科大的一名博士生，初出茅庐，并没有多少产业化经验，很多知识包括怎么做商业计划书都一窍不通。关键时刻，中科院创新孵化(安徽)有限公司(简称"国科安徽")向他们伸出了援手。国科安徽找到他们，跟他们进行了一系列类似于商业模式的定制和讨论，并把整个科研想法落地为模型。虽然当时在合肥的第一轮注资没有成功，但是，团队的商业逻辑和想法思路开始不断调整、优化，每周他们都会更新一遍自己的商业计划书。

与此同时，方靖文团队在长三角地区四处参加比赛、进行路演，就是希望项目有曝光度，早日能拿到风投资金。因为有中国科学技术大学的基因，加上项目本身的可行性，方靖文团队"四处出击"的方法开始奏效，团队的辛勤努力终于迎来了回报——2018年年中，在杭州市创业比赛中，项目成功获选杭州市5213"领航类"支持计划，获得首批400万元资金扶持。不仅如此，项目还落户杭州，获得600平方米免租金办公室、600万元免息贷款。

困扰多日的最大的难题，就此迎刃而解。让方靖文团队更加惊喜的是,获奖之后,陆陆续续有一些小规模机构和天使投资人找到他们。“之前都是我们追着投资人找投资,后来变成了投资人追着我们找投资,那种从赶着找钱到有人送钱的心路转变,真的太幸福了。”方靖文说,“所以,我也期待咱们科大有创业想法的同学们,多去比赛,多去尝试,只要你相信自己的项目真正有价值,就要不断地去寻找舞台展示自己。”

瀚因生命,似乎已经听到了梦想花开的声音。

一次合作:开始打开市场发展的空间

瀚因生命是一家聚集生命健康的创业公司,瞄准的是癌症检测的“痛点”,采用的是具有发明专利的表观遗传水平检测技术,产品填补了当下市场的空白。

从技术到产品,再成为商品,仍有一个被市场认知、被客户“买单”的过程。市场有哪些人需要我们?我们要把产品卖给哪些人?从实验室走到市场中间,方靖文团队真正开始走向市场,向市场进军。“我们首选的合作方向是药厂,把我们的新技术用在药厂开展临床研究,帮他们固定市场份额,这是药厂所需要的;其次是要项目真正落地成一个产品,这个产品可以是试剂盒,这样我们可以卖给医院,医院可以此服务患者。”

2019年底拿到投资开展项目,正想撸起袖子加油干之时,新冠肺炎疫情给一切按下了“暂停”键,因为医疗系统的严格管控,临床试验、样本收集等很多工作无法展开,项目停工了四五个月。但也多亏了这段停工时光,让刚拿到风投资金的方靖文能冷静他发热的大脑。随着国内疫情全面控制,生物医疗产业进一步得到了社会和市场的重视。在复产复工的浪潮中,瀚因生命同微芯生物和信达生物制药这两家上市企业合作,进一步开展伴随诊断的产品研发。

由于公司成立时间不长，加上受新冠肺炎疫情的影响，从医院收集到的样本并不多，方靖文团队冷静分析后，考虑到公司具有核心技术的优势，决定从与药厂合作入手，逐步打开市场空间。2020年7月，瀚因生命跟微芯生物公司率先签署合作协议，微芯生物公司把样本送到瀚因生命的实验室由其负责检测。“我们希望通过靶点辅助提高药物的有效性，通过我们的筛选可以将有效率提高到90%以上，使整个检测流程缩短至10个小时。”方靖文介绍。随后，瀚因生命又与信达生物制药签订合作协议，目前正在开展包括肺癌、妇科肿瘤这两个方向的主要癌种检测。

“期待此次合作，我们一同寻找HDACi/PD-1抗体药更精准的生物标志物（biomarker），造福更多临床肿瘤患者。”这是药厂对方靖文团队的期待。

目前，瀚因生命依靠为药厂和医院提供测试临床研究服务，已经成功签单，实现了首批的营业收入，并正向广阔的市场迈进。

项目价值

癌症，一直以来都是威胁人类健康的杀手。中国癌症每年的发病率和死亡率都居高不下。据相关数据统计，2018年，中国新增380万名癌症患者，死亡病例高达230万，其中二期无法手术的癌症患者的生存率不到10%，造成这种局面的原因之一是目前市面上批准的158种抗癌药中对患者的平均有效率不足25%。这两个很低的比例导致目前癌症领域“发现晚”和“治疗难”这两大难题。目前市场上的技术，都无法有效解决这两个难题。如果可以在癌症发病初期早发现，患者将获得很高的治愈率。如果能有新的技术有效解决这两个难题，就能破解这个局面，占领这片巨大的“蓝海”市场。

瀚因生命是全球第一个利用第三代表观遗传技术做临床研究的团

队,发现了世界范围内首个由中国人发现的癌症用药靶点,通过TSTD①核心技术方案,利用细菌中提取的TN5酶,直接切割染色质开放位点,进行测序。与传统技术相比,瀚因生命的方案能降低90%的检测成本,并拥有高达90%的精准用药准确率,具有高效、快速、准确的显著优点。依此研发的产业化流程、医疗器械和相关试剂盒,可广泛用于全国各大医院的淋巴瘤检测,并且可以向其他肿瘤亚型及其他疾病拓展研发,是未来精准医疗诊疗体系的新方向,具有极大的市场潜力和实际临床应用价值。

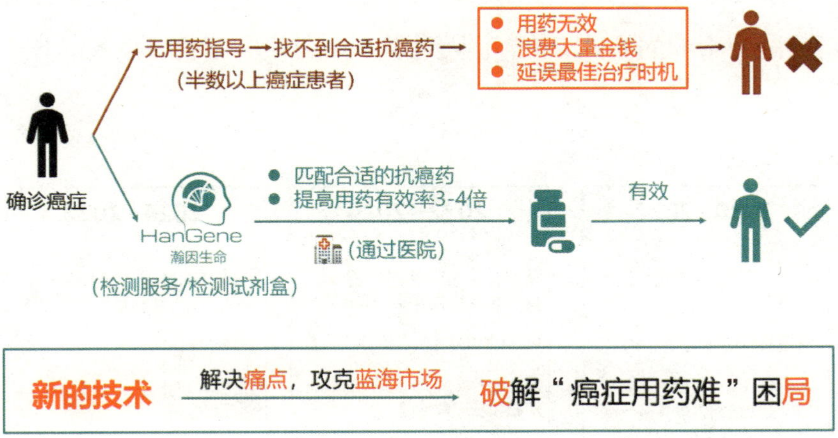

技术路线

产品形态

---

① TSTD(TN5 Based Sequence Targeted Detection)用药指导技术方案,瀚因生命技术发明专利。

相比于传统的DNA精准医疗血液检测产品，瀚因生命的检测产品拥有以下优势：

科学理念先进性：检测健康实时数据，实时评估患者健康状态，而不是DNA的健康风险。

有效降低成本：检测样本为血液中的全部细胞，检测流程直接提取表观遗传数据，工艺少，成本低。

较高的检测准确率：高达80%~90%的准确率特异性，高于传统的DNA方案。

方案的领先性、前沿性：项目团队作为世界首篇发表表观基因组学对精准医疗影响的团队，建立了从测序方式到分析方法的强大的技术壁垒，技术门槛高。

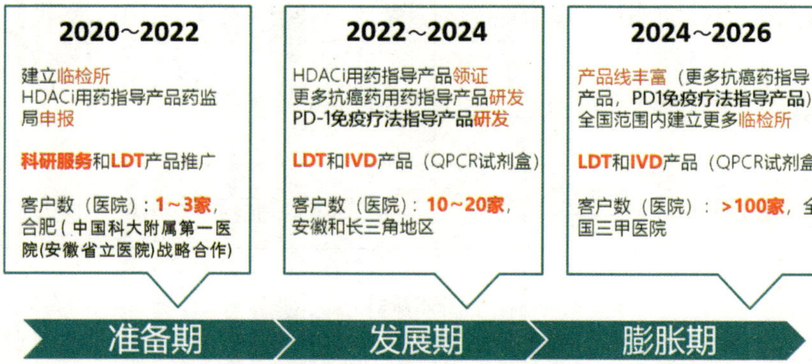

发展规划

瀚因生命将致力于国内精准医疗新平台、新技术、新产品的开发和应用，以促进地方经济和传统产业优化升级，切实推动国民精准医疗体系的建立和推广，助力《“健康中国2030”规划纲要》的顺利实施。

访谈心声

主持人:创业的过程并不容易,从科研成果到实际生产,会遇到各种意想不到的问题,甚至是障碍,你们是怎么来突破的?

方靖文:我们首先向优秀的科大创业项目学习经验,得到了很多科大优秀的师兄、师姐的指引。比如在我决定创业之前,我还去了一个科大的(星科园)创业公司,是1988级的师姐创建的,现在已经完成了累计十亿元的融资。第二就是发扬科大人坚持不懈的精神,我们要敢于试错,只要你觉得你的项目是有效的,就可以做下去。

主持人:敢于试错,脚踏实地。我特别留意到你反复提到的一个理念——学以致用。这个理念是否就是促使你选择创业的内在动力?

方靖文:是的,包括我选择生物信息方向,其实也是在抱着学以致用的理念。我硕士学的是细胞生物学,在硕士的学习中,就接触到了基因测序,包括基因测序的应用和转型的方向,当时选择申请去基因测序实验室,也是希望能把我的一些成果做一些真正能够应用到临床的尝试,希望在临床上出成效,而不只是让“文章”束之高阁,所以才会选择创业的道路。人做什么样的选择和自己的兴趣有关，因为在整个过程当中经历蛮多的艰难，初期起步的时候比较困难，如果没有这样的信念和兴趣，还是很难坚持的。

主持人：创业之后，你选择这样一个领域，刚才你说到了，不只是束之高阁，不只是一篇文章。为什么选择去关注患者、关爱生命，仅仅是和你学习的专业有关吗？

方靖文：因为我在科大读的就是生命科学领域的专业，从小对生物比较热爱，生物最重要的就是研究人的生长发育、疾病的本质，之所以选择这样一条从事临床性的研究，其目的跟生物的爱好是一样的，就是通过新的技术去解释病理，让患者选择有用的药物，这些都是围绕着生物核心话题而展开的。最早因为我们这个项目和临床医生的接触比较多，也有去医院收集样本，接触到医院的患者的情况，了解不同癌症患者面临的问题，所以觉得还是需要有这样一项技术去帮助癌症患者。我相信所有生物医药领域企业的创始人，应该都是希望能够帮助更多的癌症患者或者各种疾病的患者。

主持人：这是你的一份责任心和使命感。瀚因生命的口号是“要做癌症精准医疗领域的破局者”，什么才是“破局者”？你们打算如何“破局”？

方靖文：为什么人会得癌症？其实就是你自己的健康细胞为什么会变异成杀掉你的细胞。现在对癌症的研究中，一般会认为癌症的发生发展归因于基因突变，表外因是节点与节点出现的问题。在基因突变方面的研究成果已经有了，2014年、2016年国内刚刚成立的白石和泛生子已经通过检测特定的基因位点指导体系。虽然用这样的体系去做了一些努力，但癌症与基因突变的位点没有找到，通过之前的生物学逻辑，我们认为这些无法通过基因突变建立联系的药物，应该可以通过表观遗传去解释，这是我们的核心技术。我们的技术是表观遗传水平检测技术，这一套技术是我们自己的发明专利，是我们的核心竞争力。这是现在空白的市场产品，也是我们团队致力于做的一些事情。

我们还有比较有信心的一点,就是整个市场模式是比较成熟的,我们需要检测患者基因相关的信息。我们的方案如何提取一个患者的信息,进而获得检测数据,才是最关键的。只有获得数据,才能帮助到患者。我们这个项目核心就是提取数据的方法,比如TSTD技术。

主持人:你们这个项目,或者是行业,未来的一些展望是什么?

方靖文:短期的展望是希望当前临床试验顺利入组、产品能实现IVD伴随诊断医疗器械的获批,这代表我们这套体系从无到有的建立,获得临床的认可。第二个目标,就是我们现在产品管线中,比较成熟的只有HDACi药物伴随诊断这样一个产品……我们希望能够把这样一套基于表观遗传的药物伴随诊断体系以合作的方式引入到更多的药厂研发过程中,让更多的药物有明确的用药指南,使更多的癌症患者从精准医疗技术的进步中获益。

主持人:项目发展过程中得到了哪些支持和帮助?

方靖文:首先科大的品牌包括科大对学生的培养,这一定是我们项目的核心,我们的技术是从科大产生出来的,我们的核心团队也都是科大的本科生。向外界介绍我们的项目时,我们首先会介绍我们来自科大实验室的项目,很多人都会对我们寄予信心,因为科大技术还是蛮深入人心的。从"双创"层面看,目前大部分都是学校的学生,学校的学生没有经受过市场的考验,我们的创业真的是凭感觉在想象市场是什么样的,科大这时成立的"双创"学院,也真正对我们的项目进行了辅导,包括支持我们参加各类比赛,从而展示自己的想法,此外还有一定的经费支持,这些指导和扶持都真真正正地让我们得到了更好更快的成长。

专家点评

瀚因生命项目是典型的科研成果落地转化项目，也正是目前国家最提倡的科研创新驱动的创业类型。

在传统解决方案领域内，还存在着巨大的市场机会和市场空间。本项目在中国科大研究人员前期技术和基础研究的基础上，提出了一种崭新的解决方案，这种解决方案较大程度上弥补了现有方案的缺陷，对开拓新的市场提供了可能。这样的项目应该是非常受欢迎的，肯定可以很快应用到市场当中。

同时，瀚因生命团队的成员们在创业之前，都有长期科研工作的经验，积累了较深厚的技术支撑，他们在取得了一定的研究成果后，基于中国科大优势学科的科研基础，尝试转化科研成果，走出学校创业。而且从项目报告内容来看，他们依旧保持着与科大实验室之间的技术联系。这些都是该项目的优势。从以往经验来看，高技术领域的创业团队成员在创业过程中，如果没有足够的专业积淀和科研持续保障的话，是很难做长久的。从这个层面上说，瀚因生命项目给众多大学生“双创”团队提供了一个很好的示范，具有较强的启发意义。

创新创业教育不同于专业教育，它培养的是T型人才，既有广博的知识面，又在某一个领域有较深的专业知识，而这种人才正是现代社会所需要的。

——李卫平(中国科学技术大学电子工程与信息科学系教授，中国科大创新创业导师)

鉴影科技：
医学影像量化标准引领者

鉴影科技

医学影像仪器检测的准确性和可重复性受测试环境、操作方法以及组织异质性的影响非常大，其导致的检测差异可能在临床诊断中产生误导，所以使用可溯源的标准仿体实现影像的量化成为当务之急。“生物光学仿体项目”融合多模态光学影像、微纳加工和三维仿体打印等技术，制备多模态、多尺度、可溯源的医学影像标准化仿体，用来检验和校准影像系统，从而提升疾病诊治的准确性。项目通过与国内外标准机构的密切合作，进一步推动我国医疗仪器行业跟国际接轨，使得我国在第一时间抢占量化医疗影像的制高点，打破少数跨国公司垄断中国医疗仪器和仿体市场的局面，让我国高端医疗影像仪器走出国门、走向世界。本项目是国家重大科研仪器设备研制专项项目“生物光学仿体的三维打印制备与表征系统的研制”的成果转化。

核心团队

马灿臻

工程科学学院博士生

申书伟

杨超宇

张　帆

李晨梦

创客故事

穿越生命之河,因为热爱才值得

2020年10月12日,真迈生物在深圳召开新品发布会,重磅发布了自主研发的新款高通量测序平台——GenoLab,开启了国产基因测序仪在科研和临床应用领域加速普及和落地的新征程。

真迈生物的CEO叫颜钦,2006年从中国科学技术大学本科毕业,随后在中国科大硕博连读,获得博士学位。颜钦或许没有料到,自己在母校竟然还有一位忠实的“粉丝”——马灿臻。

路演,还是路演

不是在路演,就是在去参加路演的路上。

用这句话来形容马灿臻近一年来的生活,似乎并不为过。从2019年12月到2020年11月,在这不到一年的时间里,马灿臻代表团队参加了20多场项目路演活动,平均下来,一个月两场,以校外的居多。

“觉得累吗?”有人问他。

“累倒不累,因为向别人展示自己做的项目,自己引以为豪的项目,感觉还是挺好的。”马灿臻回答。

“一年20多次的路演,对你来说,觉得值吗?”

马灿臻没有正面回答,给出的是一个佐证:“越来越多的人关注到我们这个项目,得到大家的认可和支持,包括因为路演,有越来越多的投资意向注意到我们。每次参加路演,都会有国内的医疗影像企业看到我们能给他们带来很多帮助,就马上联系我们,这也是我们在其他企业合作过程中感到收获较大的地方。”

值还是不值,其实在马灿臻心中早就有了答案。

马灿臻是在2016年9月才加入仿体项目组的，算是“半路出家”。他整个本科阶段做的是机器人方向的研究，在机器人方面成绩斐然：曾作为队长获得RoboGame机器人比赛亚军，曾任中国科大Robocon机器人校队队长并获得全国比赛二等奖。研究生期间，他开始专注于医学影像量化标准的研究。在他加入之前，项目成员来自学校生物、化学等各个方向。平日里喜欢钻研的他忍不住琢磨：机器人的技术和仪器相关性比较大，可否把机器人的技术应用到仪器领域之中？

他的想法很快变成了现实。因为一直和机器人“打交道”，比较擅长工艺，而且动手能力很强，马灿臻制作了一个自动化的设备，可以提高仪器的整体仿体精度。他开始逐渐在项目中发挥能力、崭露头角——

2018年9月，仿体生产线样机完成，实现仿体一键化打印。

2018年11月，国家自然科学基金委员会专家组现场评审仿体项目，一致好评。

一年后，应国家自然科学基金委员会邀请，作为团队成员之一的马灿臻参加了仪器成果展。让他感到意外惊喜的是，一些投资人也参加了这次仪器成果展，并且给予他们很高的评价。

选择创业的自信

这次仪器成果展上,马灿臻参与的仿体项目荣获了生物医药类第二名的优异成绩。专家的肯定,投资人的看好,让马灿臻第一次有了“往产业化方向考虑”的念头。

2019年12月,马灿臻参加中国科大“庆峰杯”创新创业比赛,获得了三等奖,这是他第一次以创业者身份做项目陈述;2020年5月,创业团队正式成立,马灿臻成为创始人。

创始人,是一份信任,更是一份责任。

马灿臻的沟通能力很强,在和他人交流的时候,比较能让别人相信、认可,所以,包括团队成员在内,有一帮朋友愿意和他一起来做这件事情,愿意跟随他一起做下去。导师也给马灿臻投了担任创始人的“信任票”。在他们看来,自项目开始,马灿臻能够带领大家把一套设备从零开始搭建起来,从某种意义上说他具备搭建团队的能力。

其实,在马灿臻眼中,创业是件很有风险的事情。既然马灿臻冒着风险选择创业,就有着自己的逻辑和自信:“首先是得到了更多人的认可,一开始我觉得这件事情是可以帮助到很多人,当越来越多的人觉得我们的项目可以卖产品,也有一些企业厂商主动联系我们,说他们对我们项目的预期效果特别有兴趣,这个时候我们就有了信心。”

“信心比黄金更可贵。”如何把项目实时地推进下去,实实在在把仿体推广出去,而不是把仿体和整套设备、整套生产线仅仅局限在完成论文、完成科研项目的方面,马灿臻带领团队开始实施他们的计划和行动:

2020年7月,入选中国科大“双创”基金,立项,拿到了第一笔基金。

2020年8月,参加了安徽省“互联网+”大学生创新创业大赛,获得冠军。

2020年9月,在第九届“挑战杯”安徽省大学生创业计划竞赛中,再次拿到金奖。

路演、比赛,一个也不能少;合作、订单,一个都不落下。此前,已有与华为实验室的合作仿体项目,收获了奥比斯科技订单,如今又启动与中国计量院的合作，并成功入驻中国科大先研院……这些无疑都给马灿臻和他的团队带来了更多的创业信心。

对于创业者马灿臻来说，接下来，如何进一步规划、进化项目，如何优化营销途径，从而把产品推广出去，能够更广泛地帮助相关行业，这些都已经成为他当下需要思考的课题，更是命题。

倾向于成为企业家

真迈生物CEO颜钦是马灿臻的师兄，也是马灿臻的偶像。颜钦大学毕业后当过老师，参加过青年创业大赛，随后创业成为企业家。颜钦的经历影响并激励着马灿臻，他希望自己有朝一日能成为像颜钦师兄那样的企业家。

中国科大的学子，大都秉持“科教报国”的理念，有着科学家的梦想。一开始的时候，马灿臻没有想过走企业家的路线，只是想着做世界上最先进的东西，梦想指向的也是科学家的方向。项目启动后，有老师找到他，告诉他这个项目比较适合产业化，问他要不要试一试，那一刻，他脑海中才有了这样的想法。

而后,随着路演次数的不断增多,与外界社会的接触也越来越频繁,来自各界的肯定与鼓励,尤其是自己的产品被投资人看好,被企业厂商需要,他的企业家之梦才开始逐渐清晰,也愈发坚定起来。

“鱼和熊掌,二者不可兼得。”没有能够完成成为科学家的愿望,马灿臻虽然有点遗憾,但并不失落,也不后悔。在他看来,这种选择无关对错,无所谓高下,关键是看个人的追求。在他眼里,很多特别优秀的企业家在创业历程中,始终专注自己从事的事业,而且做得很好,在他们身上同样具备浓郁的科学精神;而和科学家专注技术、成果相比,很多企业家的视野更宽广,空间更辽阔,能收获更多的成就感。

对于马灿臻而言,创业团队建立时间不长,处于刚刚起步的阶段,还有很长的路要走,现在谈论、定位未来是科学家还是企业家的话题似乎为时尚早。现在要做的就是踏实走好每一步,跟随自己的梦想稳步前行。

马灿臻至今还清楚地记得自己第一次路演的情景:只是单纯地介绍项目,告诉别人自己做了哪些工作,至于将来怎么继续还很迷茫。如今,一年的时间过去了,经历过20多次的路演洗礼,马灿臻准备得更充分,表现得更从容。他以创业者的身份和姿态登场,不断向人们介绍项目与产品,当然,更多的是价值和未来。他梦想着在不远的将来,公司生产的产品能走出国门,走向世界。

一切皆有可能!

项目价值

生物光学影像具有成本低、体积小、速度快、非侵入以及无辐射等诸多优点,但该类设备的准确性和可重复性受测试环境、操作方法、界面条件以及组织异质性的影响非常大,缺乏量化标准已成为制约生物医学光学技术发展和应用的瓶颈。“生物光学仿体项目”开发了生物光学仿体三维打印制备与表征系统,整合多模态光学影像、微纳加工和三维仿体打印等技术，为生物光学影像标准化的研制提供了多模态可溯源仿体，用于光学影像系统的校准与性能验证，建立的仿体矩阵库可解决国内外光学影像的校准标准缺失的痛点，促进医学影像可溯源标准化的建立，进一步推动医学影像在临床诊断领域的发展。

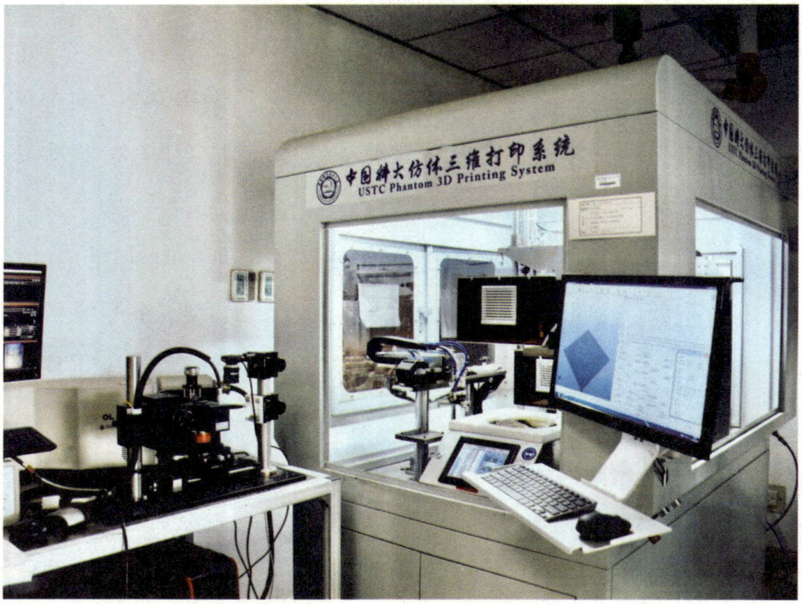

三维打印生产线实物图

项目团队首次整合多个三维打印模组，实现多尺度多材料多层非均质仿体的一键化打印。项目涉及模拟生物组织仿体材料研究、多模态全能造影剂研究等材料科学研究，多参数生物过程理论模型、影像参数的生理/病理关联等生命科学研究，多层多尺度三维结构制备成型、多模态单位打印系统集成控制等工程科学研究，大规模数据的采集存储处理、多模态影像数据的配准融合等计算科学研究。其先进性体现在：首次将微包裹技术与三维打印结合起来，制备"万能"打印墨水，模拟生物组织的动态特性和多模态影像对比度；首次将三维打印用于生物组织功能参数和光学性质的模拟；首次将多模态三维打印生物光学仿体与临床医学结合,实现对病灶的个性化手术规划和精准导航。

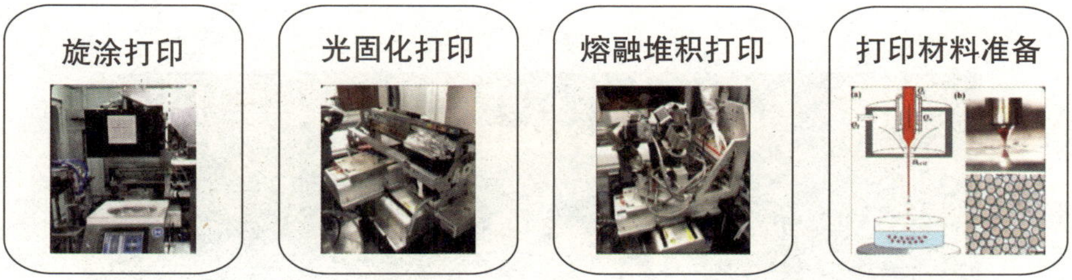

三维打印生产线组成

如同办公打印机需要彩色墨水才能打印色彩斑斓的图案一样,生物光学仿体三维打印平台则需要具备多模态对比度的仿体打印材料,才能模拟生物组织的多模态结构功能特性。为了制备这种“万能墨水”,项目团队研发了多种先进的微包裹工艺,可以将各种仿体材料或造影剂包裹在均一微结构中,实现三维打印仿体的多模态对比度。

项目方案的创新特点:

(1) 开发具有稳定荧光特性的组织仿体,将影响光学与荧光特性的因素以及最终的性能一并考虑,建立组织仿体用于校准荧光成像设备的理论及技术基础。

(2) 开发具有稳定不同血氧饱和度和动态心率的仿真模块,将影响光学与万能红细胞性能的因素以及最终心率模拟的稳定性一并考虑,建立组织仿体用于身体机能监测设备校准的理论及技术基础。

(3) 将目前的生物医学光学仿体三维打印平台进一步研发,提高三维打印制备仿体的能力,将已有的仿体向产业化推进。

该项目为国家重大科研仪器设备研制专项成果转化,相关学术论文与发明专利的成果处于国际领先水平,形成了核心专利壁垒。目前团队已经与国内外众多科研与标准制定机构实现合作签约,相关产品已应用于影像校准、手术规划辅助、个性化医疗等重大领域。

访谈心声

主持人：你的专业是什么？

马灿臻：我是精密机械与精密仪器系仪器与科学技术专业的学生。

主持人：你当时选择这个专业的时候，对专业有没有清晰的认识？

马灿臻：我最开始包括整个本科学习阶段做的是机器人方向，研究了很多相关的内容，到后期发现机器人本身的开发技术和仪器相关性比较大，加上希望能够对生命健康提供一点帮助，作出一些贡献，就开始尝试将这些技术应用到医疗项目领域。

主持人：现在，当自己的项目呈现在眼前的时候，你有没有一种强烈的感受，我所学的专业开始得到真正的应用，研究的项目开始转化为真实的产品？

马灿臻：没错，一开始这个项目是徐老师申请的，在我加入项目团队之前，团队的成员来自生物、化学等各个研究方向，其实大家对整个生产线的设备工艺还不是很清晰。在我加入团队后，由于具备之前工艺研究学习的基础，我开始自主创新了一套自动化的设备，这套设备也大大提升了仿体的精度，能够为这个项目增光添彩对我本人来说，也是一种能力的发挥。

主持人:你的同学们对于创业是怎么界定的?是主流还是非主流?

马灿臻:首先是非主流,他们愿意创业的还不是很多,从我说服别人愿意加入团队和我一起做这项事业,这本身就是对我们的认可。他们去社会就业本可以选择收入更高、更加稳定的工作,可能年薪几十万元、上百万元,然而他们放弃了,却愿意选择风险更大的创业事业。有的同学可能希望平稳一些的工作和生活方式,不想去冒这么大的风险。

主持人:但是你还是选择创业,是什么让你有信心面对创业的风险?

马灿臻:首先是因为得到了很多人的认可,一开始我也是认为这个项目是可以帮助到很多人的,当越来越多的人觉得我们的项目可以转化为产品,包括一些企业厂商主动联系我们,表示项目的结果是他们特别想要产品化的时候,我们才更有信心去相信这是可以推广到市场被消费者所需要的,如果我们不去做,别人也仍然需要去做,可能还需要重复很多我们之前已经进行的工作,甚至耗费更多的努力和更长的时间才能完成。

主持人:回顾之前路演和"双创"大赛的历程,如果发生评委老师意见不统一、不一致的时候,你又是如何思考的?

马灿臻:在这些不同的意见上做取舍我还是有所感悟的,比如说我们参加这么多路演,尤其面对不同评委的点评,认为团队应该做出什么样的转变,我们在更改计划的过程中也出现了各种情况,这说明可能一些建议不是完全适应所有的场景,但是我们尽量听取这些优秀指导老师的建议。如果出现与评委老师意见不一致的情况,我们也会结合我们之前的经验,以提出自己的想法为主;当双方的观点都不一样,我们可能还是更倾向于自己的观点。

主持人:这是一个内心戏,经历了20多场路演之后,你和你的团队都已经有了以前无法想象的自信,老师可能就是作为一个建言献策、仅供参考的角色,更多的主意是在你自己心里。

马灿臻:是的,评委老师的初衷肯定是想我们的项目更好,他们的经验和专业知识确实能给我们提供很好的借鉴。

主持人：一路走来，参加了20多次校内外路演活动，你觉得学校创新创业学院对你们最有价值的帮助是什么？

马灿臻：其实帮助特别多。首先学院给我们基金支持，学院老师给我们特别多的项目辅导，包括入选“新苗计划”也受到了学院的指导帮助。启动资金的支持非常重要，我们如果没有这些最初的启动资金，团队可能没有动力坚持下去。

第二点，我的老师非常支持我作为负责人把这个项目推广出去，老师们是非常认可创新创业工作的，当然只要是学生们想做的事情，老师一般都是支持的，创新创业学院在精神上也给了我们特别大的支持。

主持人：如果站在今天的角度给后来有志于加入“双创”的学弟学妹们一些建议，你会怎么提？

马灿臻：首先是要相信自己的产品，要有信心、放心大胆地去向别人介绍，以科大的水平，其产品一定是优秀的，这个时候你只要持之以恒，不停地打磨这个东西，最后一定会有好的结果。

主持人：我们内心都喜欢把中国科大作为国内理工科类高校的一个“名牌”，跟其他名校比，这样的标签会给你们带来什么判断？

马灿臻：首先就是我们在出去跟其他学院交流，他们一开始的印象就是科大的强项是理科研究，但是现在外界也会很惊讶，为什么科大相关的科创板企业能够占据整个科创板的十分之一，能够达到这么高的效果？我们作为科大的研究项目，能够出去和其他高校进行比较，还是希望能够获得他们的认可，让其他高校知道我们科大的项目在技术上的确特别厉害。

主持人：其他方面向他们学习，主要在什么方面？

马灿臻：他们的项目在优化和后期的推广非常强，这个优势的确是我们目前还还没有办法达到的水平。

主持人：以目前自己的路演来看，你希望优化的是哪方面的细节？

马灿臻：我们后期发展还需要做进一步规划，如优化营销途径，尤其是评委老师给我们的各种指导，包括以后怎么做市场影响来抓住客户的心理，这些都是我们需要认真打磨的。

专家点评

独创并不意味着代表先进，更不能确保产品的成功。

做产品一定要搞清楚产品以及市场的定位。本项目产品定位是什么？到底卖的是技术还是服务？是卖仪器还是卖仿体？市场定位需要明晰，不同市场面对的是不同客户，今天在这里跟我们讲清楚了，才能表明你们自己心里想明白了。定位了产品和市场，才意味着有更多的可能性，最终实现最大的确定性。所有这些，应该在创业之初就已明晰。

通过目标市场的阐述，让大众可以快速了解你到底是做什么的。比如现在可供选择的目标市场有两个：一是针对仪器厂商，基于血氧血流能做皮肤或者其他的仪器；另一个就是医院或者医疗机构，第一阶段做仿体，第二阶段可以做医生的培训等。不同的目标市场则意味着不同的核心竞争力构建，这是关键。建议多一些问题解决的结果，少一点过程化思维，让大家明白这个设备是你的核心竞争力。其实，这个项目最大的核心价值可以拔高在精密仪器上，如果你们能够做成功，实际上就是变相地把我们国内的医疗仪器精准度提高了。这个意义太大了。

无论是做企业家还是科学家，用简单的话语把高深的道理讲清楚，这都是必须的。脚踏实地，一步一个脚印，追求本真的东西，有效率地去做，不要想着作秀。

——严建文（合肥合锻智能制造股份有限公司董事长，中国科大创新创业导师）

飞迪航空：
高精度运动感知和定位系统

飞迪航空(FDIsystems)是专业从事惯性运动感知和高精度定位核心技术与产品的公司。

公司聚焦于先进的导航系统研发和推广，为机器人、自动驾驶、无人系统等应用提供高精度运动感知和定位解决方案和产品。公司首次提出了全要素矢量推进技术和变结构垂直起降技术，其巧妙地利用连续的模式转换过程，将固定翼飞机和直升机的优势融为一体，有效克服了现有垂直起降方案在稳定性和效率方面的不足。公司产品覆盖面广，目前拥有高精度EPSILON和高性价比DETA两个系列近10款产品，已申请及在申请发明专利20余项，发明了400余种可行改进方案。飞迪航空志愿成为全球领先的运动感知与定位技术提供商，为推进无人系统及机器人领域技术与产业化进步贡献力量。

核心团队

杨爱迪

信息科学技术学院硕士

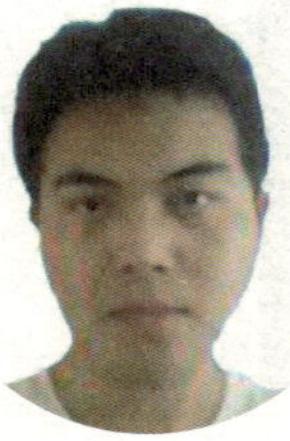

范建阳

张　鹏

创客故事

要让梦想照进现实，除了执着追求别无选择

2014年9月，阿里巴巴正式登陆纽交所，以218亿美元的融资额创造了美股史上的最大规模IPO纪录。当天，马云携众高管到现场并观看了整个上市仪式，但并未上台参与敲钟仪式，由阿里巴巴邀请的8位客户敲响了上市钟。马云将带有阿里巴巴公司logo的T恤赠送给了在场的嘉宾，上面印着他亲自选择的一句话：“梦想还是要有的，万一实现了呢？”

从年少轻狂到中年人生，每个人都有自己的梦想。区别在于，有人选择“把论文书写在祖国的大地上”，有的则是在浩瀚宇宙中找寻属于自己的那片星空。杨爱迪从小就有自己的飞行梦,他执着于要“为人类的飞行事业做一点贡献”。

“炸机”炸出的灵感

2016年5月23日,平常的一天。

但对于杨爱迪而言,这一天却是不寻常的。当天,他在中国科大图书馆泡了一整天。夜深人静,看了一天书的他躺在床上却久久无法入睡,脑海中一直在想“一件事情”,突然“灵光闪现”、灵感迸发,他想到了一些方案。再也睡不着的他赶紧爬起来,把自己的想法全部画在了纸上——一种新型的变结构垂直起降飞行器方案。

方案全部完工后,杨爱迪长吁了一口气,萦绕在他脑海中挥之不去、困扰他多日始终放不下的“一件事情”终于尘埃落定,找到了释放的“出口”。

杨爱迪一直在想的“一件事情”,是此前在上海放飞无人机“炸机”的事情。无人机“炸机”情况其实非常普遍,但是,杨爱迪认为,那次“炸机”非常惨烈,而且是在东方明珠附近炸的,火光四溅,把他们都吓得不轻,虽然没有人员受伤,但是他做梦的时候都会想到那件事情。想事情,其实是思考“出路”。到底是哪里出了问题?有没有更好的方案能避免“炸机”事故的发生?我能做出来这个替代方案吗?对于从小就有飞行梦,具有大学导航、制导与控制专业背景的杨爱迪来说,这些问题是挑战,更是机遇。

还在大学本科期间,杨爱迪就制造了自己的第一艘驱逐舰模型。本科毕业后,他成为某舰队军舰电路研发工程师,随后又转入无人机公司出任飞控技术总监。2015年,他毅然辞职,只身来到中国科大读研,目的只有一个:寻求更加广阔、自由的平台,实现自己的人生梦想。

创业大赛上的“常客”

有梦想谁都了不起。然而，要让梦想变成现实，还有很长的一段路要走。其间，还会面临各种变化、调整、挑战、迷茫甚至失败。

“现有的飞行器方案中，既有可以实现垂直起降、悬停的，也有能够高速、远程飞行的，但是两种性能都能实现的还没有，而且飞行器普遍存在着稳定性不够、驱动力不足和效率不高的缺陷。”杨爱迪说，他决意要做出一种方案，克服现有垂直起降方案在稳定性和效率方面的不足。

一开始做飞行器的时候，基本上相关的软件、硬件和各种算法，都是他一个人来完成的。2017年1月，杨爱迪组建团队，命名为“未来飞行”；2018年11月，安徽飞迪航空科技公司（FDIsystem）正式成立，总部位于中国科学技术大学先进技术研究院，取名“飞迪航空”，承载的是杨爱迪多年的梦想与追求。

“理想很丰满，现实很骨感。”从想法到图纸，再到成立公司、生产产品、市场销售，杨爱迪的创业历程并非一帆风顺，在对方案进行了多次修正、调整后，才有了今天的模样。为了让方案更贴合实际需要、符合市场需求，同时也为公司的理念、产品进行传播推广，杨爱迪抄了一条“近路”：不断站到创业比赛的舞台中央，参加各种大赛，在比赛中接受专家、评委的质疑和发问，当然还有很多好的建议，然后汲取精华、为己所用。

中国科大首届“庆峰杯”科技发明创新竞赛、中国科大“挑战杯”竞赛、第七届安徽省“挑战杯”学术科技竞赛、中国科大第三届“互联网+”创新创业大赛、创客中国安徽省创新创业大赛、创青春暨安徽省青年创新创业大赛……从校内到校外，从南到北，甚至一些区级的挑战杯，杨爱迪也都没有错过，只要他认为有价值，只要对自己的项目有帮助，他都会参加。

经验、名气就这样一点一点积累起来，方案、产品也在不断优化、完善。如今，公司产品已经批量应用于人工智能教育、车载卫星移动中通天线、防疫消毒机器人、室外厂区巡检机器人等多个领域。

梦想，一直在路上

杨爱迪自小就对飞机充满了好奇和向往。可当时经济条件有限买不起航模，他便自己动手使用小马达和雪糕棍做了一个“简易飞行器”。

“这能飞吗？”爷爷问道。

“能！”

结果自然是失败的，但是飞行梦的种子已在这位少年的心中扎根。

时光荏苒，世事虽多变化，童年的梦想却未曾淡忘。“要让存在自己的世界与不存在自己的世界区别最大化，我坚持做自己热爱的事情。”

因为热爱，才会执着；因为执着，才有未来。从大学毕业参加工作，到重返校园“回炉再造”，变化的是场景，不变的是热爱，是对飞行梦的追求与坚持。

在杨爱迪眼里，飞行器是个大的系统，包括气动、结构以及飞行系统、导航系统，而飞控导航是飞行器里最复杂、最难的，这个空间也是飞行器里最"贵"的。"既然这么有技术含量,我的专业是导航、制导与控制,所以在老师的实验室,延续了原来的过程做了导航系统。我希望能创建成为全球领先的导航系统提供商用的公司,为上九天下五洋以及地球上任何一个角落的运动体导航。"

哪里需要创新,哪里就有挑战。由于中国科大从事飞行器研究的人较少,杨爱迪的科研创新之路更是充满了坎坷。他也曾迷茫过,"但一旦看到现实,就不迷茫了,因为我要想怎么把它解决"。念念不忘,必有回响。梦想虽然辽阔,但正在逐步照进现实。

独特的方案,300平方米的工厂,批量生产的产品,市场客户的好评,更为重要的是,一批来自中国科大师弟师妹的加盟,让飞迪航空汇聚了来自流体、飞行器设计、算法等多个领域的精英。这些都给杨爱迪带来了十足的信心,他对未来充满了憧憬。

"您的梦想终于成真了。"有人说。

"成真不一定,但是,一直在路上!"杨爱迪说。

项目价值

随着人工智能和智能化的不断发展,机器人、无人系统等的运动感知和高精度定位导航的市场需求在急剧增加。惯性导航产业属于国家鼓励发展的高技术产业和战略性新兴产业。惯性导航设备可以为载体提供航向、位置、姿态、速度等基本物理信息,是信息化装备中最核心的传感设备之一。

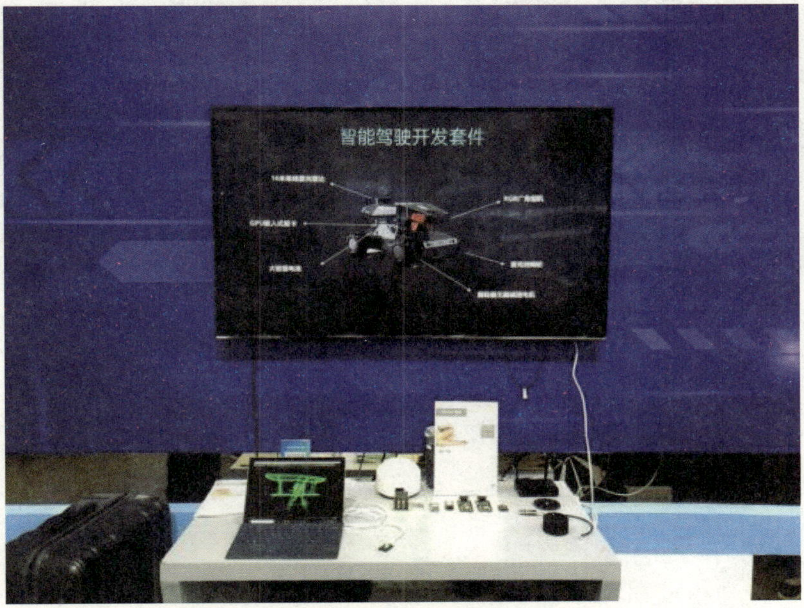

产品在世界人工智能展览会上展出

飞迪智能为解决运动感知和导航定位提供系统解决方案和产品服务,主营业务包括先进飞行控制系统、惯性导航、组合导航系统、飞行器总体设计、视觉目标检测与跟踪等飞行器核心零部件设计研发生产,专注于惯性导航、高精度卫星定位(GNSS/RTK/PPK)、视觉导航(VIO SLAM)的技术研发和产品推广,拥有自主创新的高性能智能多源信息融合引擎和全新的数据融合框架。团队经过多年技术经验积累和近三年持续研发，现在已经拥有高精度EPSILON和高性价比DETA两个主要产品系列近10款产品，产品覆盖面广。

批量生产的DETA10

产品具有以下优点：

（1）创新的智能多源数据融合引擎，可以方便地将惯性导航、卫星导航、里程计、激光雷达、视觉等多个传感器的数据进行融合，获得更加稳定和准确的导航信息输出。

（2）高精度惯性卫星组合导航技术，姿态精度0.05度，最优8 mm的定位精度（高于市场普遍1.5~2 cm水平），单点定位模式实现1 m以内的定位精度（市场普遍在2 m左右），双天线模式可以获得小于0.1度的航向角信息，不受环境磁场的干扰。

（3）创新地提出批量惯性传感器校准技术，实现自动化的批量校准和检测，大大减少固定资产和人工投入，提高产能和效率。

公司产品能连续、实时地提供载体位置、姿态、速度等信息，且不依赖外界信息，不受气候条件和外部各种干扰因素。可为机器人、无人机、无人船、自动驾驶、无人清扫车、AGV、测绘、人体姿态检测、穿戴设备、建筑安全监控等领域提供专业的组合导航产品和解决方案,以及无人系统相关的设备和仪器。同时,公司正在根据现有核心高精度卫星定位基站产品,建立地基增强网络,通过4G/5G网络分发修正数据,开展高精度定位数据服务,希望为正在到来的大智能时代提供高精度、可靠的导航和定位服务。

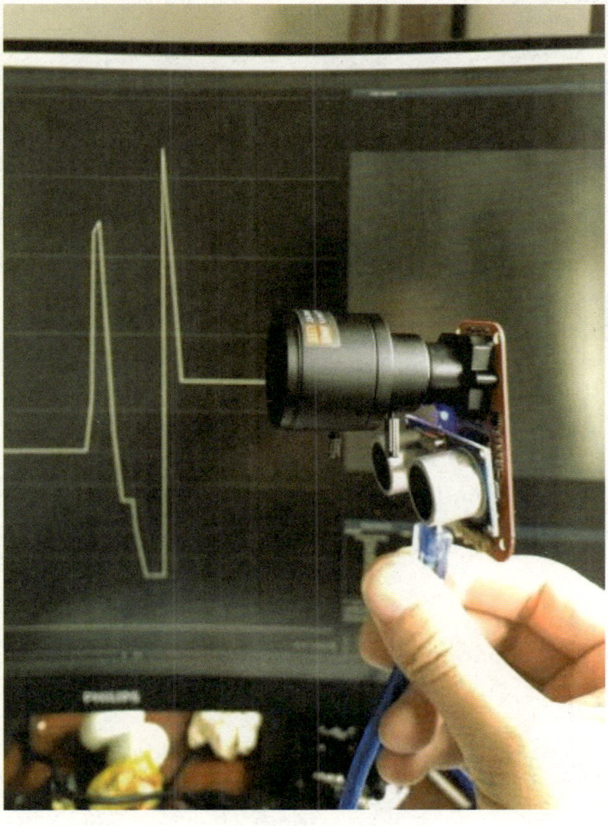

视觉里程计产品

访谈心声

主持人：听说你从小就喜欢玩飞机？

杨爱迪：对，自己很小的时候做一些文具盒壳、木棒，自己剪，一直喜欢这样的东西，也做无人机的飞控，后来在科大读研的时候，继续做这些事情。

主持人：有人说你身上最大的优点是创业路上不断地更新，你觉得你的项目最大的特色和核心竞争力在哪？

杨爱迪：这个产业一直在发展，很早就有了，现在需要做的事情就是提高技术精度，提高产品性价比。我们的产品更可靠、更稳定，性能、价格都更符合当前的市场，给导航信息提供系统，它是用于物体想要知道自身状态的一个系统。类比于人的话，相当于人的小脑。我们率先提出了全要素矢量推进技术和变结构垂直起降技术，有别于现有的相关方案在于，我们巧妙地利用一个连续的模式转换过程将固定翼飞机和直升机的优势融为一体，有效克服了现有垂直起降方案在稳定性和效率方面的不足,不仅稳定性好,而且性价比很高,我想这应该是我们的核心竞争力所在。

主持人:刚才说到你们的项目其实已经应用到各种生产和企业中,很多企业已经和你们合作了,你们是怎么做到这么快从科研成果到实际生产的?

杨爱迪:我们也经历很多的思考和摸索,一开始不知道做哪些工作能够真正落地,主要看市场上客户需要什么。

主持人:勇于尝试。

杨爱迪:对,然后大的方向没有错,我们做到比现有的产品性价比更高,更能够解决核心的技术问题。

主持人:说到市场,你对你们这个项目未来在市场上有什么样的预测?

杨爱迪:这个市场其实之前一直是不温不火的,现在有一种爆发式的增长。

主持人:这类产品核心的技术必须由你们来提供吗?

杨爱迪:它需要用到导航,需要用到多传感器的技术,我们是可以提供的。

主持人:很多人说梦想就是梦想,但是你把梦想变成了现实。这些技术现在已经应用到市场了,你认为你们成功的经验有哪些?

杨爱迪:对,我们的产品应用到市场,解决了客户的问题,得到了客户的认可,成功的经验倒没什么,我觉得可能就是针对于真正的需求,根据自己的情况找到一个机会点,做产品,然后坚持,最后得到了客户的认可。

专家点评

对于任何一个创业项目而言，从项目研发到产品定型再到市场应用，都是巨大的挑战。目前看来，这个项目已经初步完成了这个挑战，特别是市场应用这一块，从销售的结果和客户的认可度来看，目前还是比较成功的。

其实，任何一个来自实验室、科研机构和学生个体的项目，一开始提出的方向往往都不是最终的目的，这中间需要不断更新、修正原有方向。除此之外，对于创业者来说，需要保持较好的创新动力。这个项目最初的定位是飞行器领域，在创业过程中不断修正，目前聚焦到了惯性导航装置的研发和生产领域，这比最初的定位有了更清晰的发展方向，也便于整合资源、集中力量，最终形成优势。

无论是飞行器还是惯性导向领域，其实都存在着很高的技术壁垒，这个项目的技术要求比较高，同时市场竞争也很激烈，所以必须考虑：第一，项目的先进性方面，与同行业相比，我们的优势在哪里？产品要有核心竞争力。第二，在产品品种开发方面，目前公司高精度和高性价比的两个主要产品系列是否能够覆盖市场上主要的需求？产品要贴近符合市场的需求。第三，市场前景这块，撬动客户是需要效率的，重要的是找到怎么撬动市场才最有效率。只有找到最佳的客户，才能达到市场的最高效率。

创业是一件既有情怀又切合实际的事情。

——徐溪红(安徽省科技厅科技成果转化中心主任,中国科大创新创业导师)

凝聚科技：
高性能纤维状可拉伸超级电容器

凝聚科技
POWERFUL ANYTIME

近年来，可穿戴电子设备已经逐渐成为电子产品的主流发展方向，智能可穿戴产品近几年层出不穷。目前，智能电子产品的显示组件和电路都可实现柔性和可折叠，最大的挑战就是可以折叠的储能电源产品。凝聚科技公司自主研发的高性能纤维状可拉伸超级电容器（FSS）项目产品，主要以高度可拉伸、抗冻性的聚丙烯酸钠水凝胶（PAH）纤维作为柔性基底，进行掺杂和原位聚合后进一步加工成全柔性可拉伸超级电容器。FSS集高电学性能、高可拉伸性、宽工作范围、全柔性、微型化、可集成等特点于一体。它不仅可以作为常温下工作的一切可穿戴的电子设备中的能量储存器，而且为在极端复杂环境中（极大应变、极寒冷）工作的可穿戴柔性储能设备提供了新的解决方案。此外，独特的纤维结构使其能够通过嵌入、缝纫、编织等方式很好地融入纺织品中，在电子纺织品、微机器人等方面将有着广泛的应用。

核心团队

晏秀男

化学与材料科学学院博士生

李航宇

霍子昱

马付磊

隋新宇

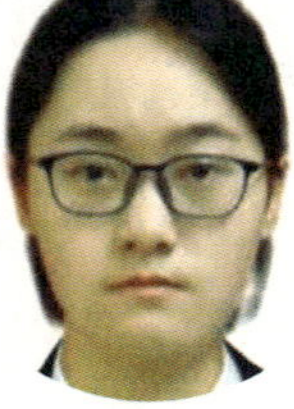

谢小雨

STORY 创客故事

理实交融,一个科大女博士的创业梦

科大女博士,创业小萌新

秀外慧中、外柔内刚,晏秀男人如其名,给人印象深刻。

她是中国科大创新创业学院“新苗计划”第二场项目辅导会上第一位做路演的;她是几场辅导会下来,难得一见的女性创业者;最重要的是,她还是一位高颜值的科大在读女博士生。

社会上曾有种说法:“这世上分三种人:男人,女人,女博士。”虽有戏谑成分,但也说明一点,能读到博士的女性凤毛麟角,她们的稀有,必须得到大众的认真对待。

晏秀男为中国科技大学化学与材料科学学院2018级博士生,曾多次获得国家级奖学金,拥有多项发明,是一枚妥妥的学霸。外表纤秀的她,路演现场思路缜密,台风落落大方,真是印证了那句话,“优秀的人,从皮囊到灵魂都闪闪发光”。

2020年12月1日,万事达卡连续第四年发布《万事达卡女性创业者指数》年度报告。报告显示,中国大陆女性创业者指数上升明显,全球排名上升6位,成为亚太地区排名上升最为显著的市场。

越来越多的女性选择创业。大众对女性创业的印象,也不应该只停留在直播带货和微商销售上。很多像晏秀男这样的女科学家精英,也投入到创业大潮中,期待将自己的科研成果成功市场化,用科技来推动社会进步。

辅导会现场有老师提问:“你今天选择创业,是否违背了当初来科大读博做科研的初衷?”

晏秀男坚定地回答:“没有。”

当初选择报考科大,就是“红专并进,理实交融”的校训打动了她。在晏秀男看来,科研不止是实验室,更不止是公式。科研对她的魅力,是能真实改变生活方式,推动社会进步。科研与市场,是相辅相成、互相推动的关系。两个场景,她都愿意躬身入局。

晏秀男说,于她而言,创新创业是非常棒的体验。除了能弥补她之前的知识短板外,最重要的,她能把自己的科研成果运用到实际生活中去,在用户使用过程中不断得到反馈,反向推动科研的迭代与升级。

理实交融,科研是为生活更美好

2012年,谷歌发布了第一款Google Glass,在当年是火爆科技届的大新闻。虽然之后这款产品命运曲折,但确实引爆了全球可穿戴设备的全面发展。

2019年的韩剧里,顶流明星们都在使用三星折叠屏手机Galaxy Fold;同年10月,华为发布了折叠屏手机Mate X,近2万元的价格吓退不少尝新者。一年过去了,“折叠屏手机时代”尚未到来,一是因价格贵,更重要的,是目前市场上的柔性电池还有很多不完美的地方。

进步洪流一旦开闸,从不会按下暂停键。可穿戴和便携式柔性电子设备正在引发我们生活方式的变革,在智能医疗、运动健康等多个领域都有广泛应用。而作为支撑可穿戴电子设备的核心部件,柔性电容器的市场前景非常广阔。

此次晏秀男带来的创业项目名称叫"高性能纤维状可拉伸超级电容器",是她在中国科大仿生智能材料实验室研发的课题项目成果,开发的是一种新型的柔性电容器。

超级电容器,也称电化学电容器,与普通电容器相比,具有高稳定性、高的功率密度、高效率、绿色环保、成本较低、容易组装等优点,因此成了可穿戴储能器件领域中的一大研究热点。而晏秀男团队研究的一维纤维状可拉伸超级电容器,则具有体积小、质量轻、透气性好、可编织性等特点,被认为是可穿戴电子设备中最有潜力和最理想的储能器件。

打个比方,日常我们使用的电池,大多是像7号、5号那样的干电池,用手机看剧打游戏需要再外挂一个充电宝;但一维超级电容器,可能像一根带弹力的细橡皮筋,完全可以将电池化于"无形"之中。

一维超级电容器的概念,2003年才被学界正式提出,算是较新的科研方向。晏秀男刚开始只是把高性能纤维状可拉伸超级电容器当作一个科研课题来做,在发表第一篇文章后,迅速受到了中央广播电视总台、科学网等一批媒体的关注,这让她和团队意识到,这个项目可能有很大的商业化潜力。在学院老师的指导下,在科大创新创业学院的鼓舞和支持下,她陆续参加了一些创新创业大赛。不断路演的经历,让她对项目越来越有信心,这成为她创业的起点。

"未来我们可以把这种电容纤维编织到衣服里,给手机充电不需要带充电宝,插在衣服上就能及时充电,而且这种电容器体积很小,完全不影响衣服的美观。"晏秀男畅想道。

相较于男性创始人,晏秀男更擅长以感性的、充满画面感的语言,将自己的科研成果通俗化地表达出来。这大概也是女性创业者的优势之一吧!

刚柔并济，女性创业者的独特魅力

晏秀男的团队，除项目负责人是女性外，还有个特点，这是少有的男女比例为1∶1的科大创业团队。要知道，科大女生的比例很小啊。

现场有老师好奇地发问："是不是真的男女搭配干活不累？创业团队中，男女生有什么差异呢？"

谁说女子不如男？在晏秀男看来，无论男生还是女生，大家对创业同样充满向往和激情，都把追求技术应用到现实作为自己更理想的状态，都不仅仅满足于实验室里的学术报告。志同才能道合，能力上可能大家各有专长，但价值观上一定很统一。

团队目前核心成员有6位，晏秀男既是技术核心成员，也是整个项目的负责人。

企业管理是另一门专业性很强的学科，做企业对内要团队管理，对外要会商务谈判，一个理工科的女博士，能应付得过来吗？

晏秀男直言，确实觉得技术研究更简单一些。对科学家来说，科研上大家凭真才实学，谁研发出一种材料，那可是有绝对的发言权和权威感。

而科学家团队的管理与普通团队管理，可能还真不太一样。尤其对于他们这种技术出身的团队，自身技术好才能带领团队一直往前走；如果自己对技术都不是很了解，或不够深入的话，下面的博士或硕士团队成员是不会信服管理者的。好在晏秀男是一枚妥妥的学霸，这个创业项目也是从她的科研项目中衍生出的，未来出任公司董事长，一定众望所归。

"而且，我是团队中年纪最长的师姐，我相信自己一定能胜任这个职务。"不够自信时，她会用这句话来给自己打气，还是有些小女生的可爱劲在里面。

晏秀男虽然看上去很温柔，但她是那种外柔内刚的创业者，身上兼具理科学霸的理性和文科师姐的共情力。

团队里都是师弟师妹，但在相处过程中，她更尊崇沟通与理解；即使在组织架构上她是绝对的领导者,但也不会一直用命令的语气和大家说话。在她看来,科学创造需要激发灵感,领导者也可以很温柔,大家都遵守原则和底线,领导能把任务传达清晰到位,团队能按节点交付结果,就是一支好的团队。

她让人看到了女性创业者的优秀特质——刚柔并济、敏感共情、温柔地坚持。

从未想过放弃,难走的路往往能走更远

虽然从小到大都是学霸,晏秀男说,创业是另一种不同领域的学习,教会了她很多之前不懂的东西。

比如被评委们追问多了,就开始思考如何用科普性语言,向大众简单清晰地介绍自己科研的项目;比如在学校创新创业学院的帮助下,做出符合参赛规范的创业PPT;比如参赛、面对投资人,要学习在不同场合下做不同形式的路演……

在她提交的商业计划书中,团队拟于2021年3月成立公司,时间还挺紧迫。从科研理论到产品的商业化,是一个非常漫长的过程。他们的团队在产品优化过程中,也发现了一些问题,为了最后呈现出大家都满意的产品,商业计划书上的节奏可能会被调整。

有人问她:"既然从科研到产品化再到商业化那么难,有没有想过放弃?"

她的回答很简单,也很坚定,就两个字:没有。

一路念到博士,无数次经历过科研项目开题后的艰难,她已经锻炼出一种能力,不去想太多困难,咬紧目标,只想着如何一步一步地坚持做完。

不躬身入局,很容易舌灿莲花;越深入,接触到更多细节要求,才知道想做好任何一件事,都并不容易。所谓量变到质变,只有坚持做,碰到困难也咬牙坚持,才能从心底慢慢汩出一阵清流,等到水到渠成的那一天。

“坚持”，本质是反人性的，但所有的美好，都是在克制人性的懒惰。年轻时，就应该挑一些难的事去做，难的骨头去啃，难的路去坚持。

这，大概就是人性的修行！

项目价值

近年来，可穿戴和便携的柔性电子设备不断涌现，引发了人们生活方式的变革，目前在军事、智能医疗、运动健康等领域都有广泛的应用前景，已经成为电子产品的主流发展方向。储能器件，作为支撑可穿戴电子设备的核心部件，是智能可穿戴产品中不可或缺的一部分。因此，可穿戴的柔性电子设备的快速发展为能源器件的发展带来了新的契机和挑战。由于可穿戴的电子设备是一种可直接穿在身上、编制在衣物上、整合到配件中，能够执行传感、数据分析和数据传输的便携式设备，所以要求储能器件具有较大的机械灵活性，能够在弯曲、拉伸、摩擦，甚至三维扭转等机械变形下保持电子器件的各种性能不受损害，此外设备还需满足微型化、安全化、质量轻、透气、舒适性等特点。

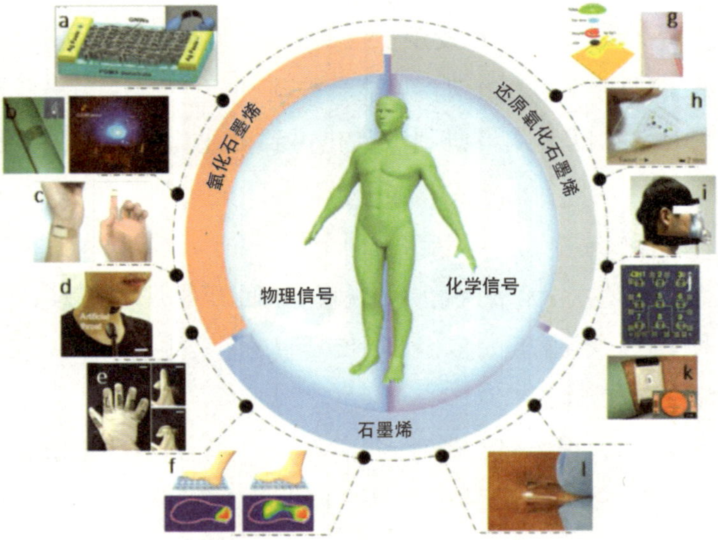

可穿戴电子设备应用示意

目前,可穿戴电子设备所使用的能源器件是商业化的离子电池,但离子电池结构坚硬,在较大形变下会导致正负极短路,引发严重的安全问题。此外,其充放电时间较长,工作温度窄,难以满足可穿戴电子设备在极端复杂环境下的使用要求,极大限制了可穿戴电子器件的发展。因此,在可穿戴电子器件领域,迫切需求开发一种具有高能量密度、安全系数高、质量轻、体积小、高度可拉伸性、透气性好的可拉伸储能器件。

超级电容器与普通电容器的不同之处在于,它通过离子吸附或氧化还原反应来储存大量能量,可以安全快速地充放电,具有高稳定性、高功率密度、高效率、绿色环保、成本较低、容易组装等优点,因此成为可穿戴储能器件领域中的一大研究热点而引发了研究者的关注。相比较二维平面的柔性超级电容器体积大、能量密度低、贴合性差、透气性差和舒适性差等特点,一维的纤维状可拉伸超级电容器具有体积小、质量轻、透气性好、可编织性的特点,可以很容易地整合到非平面物体上或者通过纺织工艺将其转化为二维、三维组件,以满足各种可穿戴设备的应用要求。因此,纤维状的柔性超级电容器被认为是可穿戴电子设备中最有潜力和最理想的储能器件,具有重要的研究意义。

高性能纤维状可拉伸超级电容器(FSS)项目,依托中国科学技术大学仿生智能材料实验室的前沿科学研究,拥有行业内领先的研发技术。其主要以高度可拉伸、可抗冻性的导电聚丙烯酸钠水凝胶(PAH)纤维作为柔性基底,进行掺杂从而获得高电子传输效率,进一步加工成缠绕型可拉伸超级电容器。预期该超级电容器将集高电导率、高能量密度、高度可拉伸性、高工作温度范围、高循环稳定性、质量轻、体积小等特点于一体,不仅可以作为常温下工作的一切可穿戴的电子设备中的能量储存器件,例如智能服装、智能手环、智能家居、智能运动与健康、保护与警示技术等领域的供能设备,而且能为在极端复杂环境中(极大应变、极寒冷)工作的可穿戴柔性储能设备提供新的解决方案,例如冰雪运动产业、极地科考产业。此外,独特的纤维结构使其能够通过嵌入、缝纫、编织等方式很好地融入到纺织品中，在电子纺织品、微机器人等方面将有着广泛的应用。

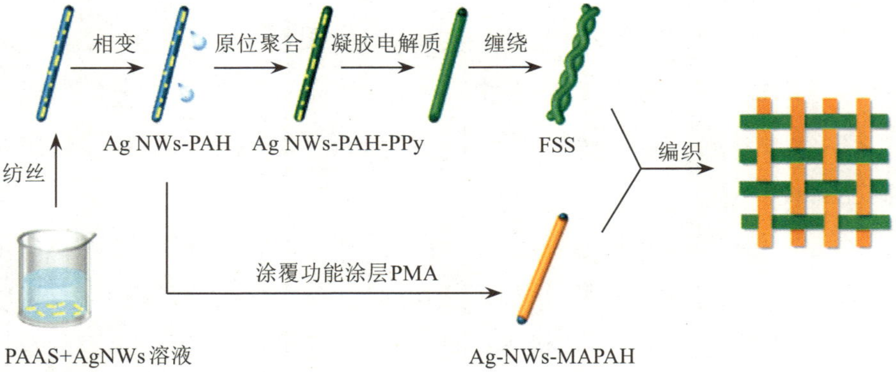

高性能纤维状超级电容器(FSS)的制备及编织成二维组件示意图

FSS产品有以下技术特点：

(1) 高电化学性能。该纤维状可拉伸超级电容器具有较高的电化学活性，主要包括高储能性质、高倍率性能和较高的循环稳定性，也具有高于碳纳米管、碳纤维等碳材料的电化学活性。

(2) 高机械强度。拉伸强度可达0.4度，足以维持各种日常佩戴和编织活动。

(3) 高可拉伸性。可拉伸性达500%，佩戴舒适、能够适应人体施加的各种形变。

(4) 宽工作范围。具有较宽的工作范围，初步估计适温范围为−60~60 ℃，能够在极端寒冷的环境中工作。

(5) 微型化。质量轻、体积小，可以很容易地整合到非平面物体上。

(6) 可编织。可编织性好，使该超级电容器能够使用市售的纺织制造机编织成储能纺织品。

(7) 使用方便，安全环保。该纤维状可拉伸超级电容器不含有机电解质，环保无毒、无燃烧和爆炸危险。

访谈心声

主持人:秀男,你好。你的项目从名称上看就非常专业,你第一次接触这个科研课题就觉得它会成为一个创业项目吗?

晏秀男:那时只把它当作一个科研课题来做,在我们发表了第一篇文章后,受到一些媒体的关注,就开始意识到,这样一个项目其实有很大的商业化潜力,在我们学院、还有创新创业学院的鼓舞下,团队参加了一些"互联网+"的大赛,获得了一些奖项。

主持人:你怎么用最通俗的语言,向大家讲清楚这个专业性较强的项目?

晏秀男:简单来说,我们项目的目的是制备可以代替目前一些商业化电池的电池,比如锂电池。相比较于一些传统电池,我们研制的是一种可以拉伸的、纤维状的电池,更具备适应一些应用场景的特质。

主持人:这种表述对我们非专业人士来说听起来就很清晰。你是一开始就能表达如此清晰吗?还记得自己第一次路演时的状况吗?

晏秀男：是被提问多了慢慢精炼出来的。我记得第一次路演，自己说得挺激动，可台下的听众却有些茫然，当时就受到了冲击，觉得应该用更简单的、更科普化的语言，把我们做的工作向大众解释清楚。

主持人：你的项目，刚才有辅导老师很关注。老师提出，商业计划书上提到明年3月就要成立公司，科研要逐步产品化，你们准备好了吗？

晏秀男：可能会有一些变化，因为商业计划书上呈现的是我们理想中的状态，但实际上，从基础研究到商业化的过程很漫长，我们在进行产品优化过程中，会不断地发现问题，所以我觉得还有很长一段路要走。但在这个过程中可以学到很多东西，即使步伐放缓一些，也是为了最后呈现出让大众满意的产品。

主持人：这种节奏的放缓，来源于对项目更坚定的自信，还是想先缓冲一下？也许再试试，就发现这个项目不适合创业了。

晏秀男：我对项目还是很有信心的，现在正处于物联网和人工智能的高速发展阶段，可穿戴电子设备在未来肯定会蓬勃发展，正因为我们认识到这种巨大的潜力，才选择埋头做这项课题。我觉得既然有一个很好的课题，就应该把它推向商业化。

主持人：你觉得它的民用价值或社会价值的兑现，让你的研究会更有意义？

晏秀男：是的。

主持人：关于创业，你未来最担心的，或者说心里最没底的是什么？这些问题你有想过吗？

晏秀男：刚刚有辅导老师也说，我们这样的产品，做的是供能，需要有另一个产品做对接，这是我比较担心的。我们需要配套才可以实现产品价值,所以我觉得商业化的路还挺长。

主持人:你还是停留在技术层面的担心?

晏秀男:对。

主持人:刚才你提到,从创意走向坚定地创业过程,学校给了很多帮助,这些帮助都是以什么形式提供的?

晏秀男:创新创业学院会经常给我们做一些培训,例如在比赛前会对我们进行创业辅导,一开始其实我的路演包括PPT展示,都做得不是很好,但创新创业学院给我们邀请了一些专家、老师、评委进行指导,在这个过程中学到了很多,老师们的点评也非常中肯,给我们带来很多帮助,我们才能在一些大赛中获奖,我非常感谢创新创业学院及其他校内机构的帮助。

主持人:今天选择创业,和当初选择报考科大读博士,你认为是在人生道路上发生了很大偏差,还是在迎接一种新的人生乐趣?

晏秀男:没有很大偏差,因为当时选择科大,就是很认同她的校训,我觉得这个校训在整个科研过程中也指导着我,包括我去参加创新创业大赛,都需要理实交融,需要把我们的理论运用到实际中去,把我们的产品进行不断升华,我觉得这是非常好的人生体验。

专家点评

该项目是一种基于新型聚合物的可拉伸超级电容器，依托中国科学技术大学仿生智能材料实验室的前沿科学研究。从聚合物的技术指标来看，性能优异、安全环保，一维纤维状可拉伸超级电容器的定制，二维组件衣物器件的生产及其他关于柔性可穿戴材料的定向研制，有巨大的商业化潜力。但目前面临的主要问题是产品的形态还不够清晰，只是从技术上或者产品本身的指标上觉得很好，但是能不能变成一个产品，或者进一步能开公司获得市场，需要根据目标用户，基于以后摆上货架变成商品的考虑，明确产品形态。

项目团队计划2021年3月组建公司，围绕着公司的构建，给团队一些建议：

大部分科技型企业，尤其是高校实验室延伸的科技企业，往往首先要解决“融”的问题，就是消除企业和高校及科研院所之间的“割裂”现象，使它们能够融合发展。“融”是“协同”的概念，体现在企业、高校及科研院所如何在产业化项目上实现协同。

但真正困扰大多数科技型企业的，其实是“通”，也就是“畅通”。在现实情况中不同机构完全的融合是行不通的，因为它们有不同的使命、目标和任务，如企业做产业化，高校做的是基础研究，科研院所基本上是做应用研究或技术研究，所以要实现真正的技术产业化过程，关键是要“通”。过去的“融合创新”“协同创新”，往往是指以技术创新为主体，实现技术从实验室走向产业化。而如今，社会发展到新时代，单靠技术本身来解决其中的障碍，已经进入“瓶颈”。新的环境变化要求能够推动并实现从物到人的结合，为此迫切需要联合多元化人才，用开放思维搭建团队，项目团队里既要有搞技术的，也要有搞财务的、搞市场的，团队的领头人还要加强对市场、环境和投资人想法的了解和沟通。

本项目团队已经初步具备了“通”的基础，但这个项目的技术转化，不仅要求团队具备较高的市场和客户需求理解能力和洞察力，还需要具备针对市场和客户需求的产品开发能力，所有这一切都对团队合作的“畅通”提出了较高要求。希望团队意识到这个问题，在未来的创业过程能够更好地处理协同畅通的挑战，实现更好的商业价值。

我觉得真正的创业，重点不在于企业是否上市，甚至这个项目是否成功，而在于创业过程中，所有参与创业的人的成长。

——赵征（中国科学技术大学管理学院副教授，中国科大创新创业导师）

中科遥测：
工业园区毒害气体立体监测系统

近年来，国内空气污染问题愈发严峻，受到了政府和广大人民的高度关注。伴随着国民生活水平的大幅度提高与社会主要矛盾的转型，人民对生活质量的追求也越来越高，空气污染状况亟待解决，能否“打赢蓝天保卫战”已成为举国关注的热点问题。而城市工业园区的有毒气体排放则成为城市污染的一大来源，并且危害巨大。

团队基于吸收光谱学原理，设计研发了工业园区有害气体立体监测系统，能够同时观测到工业园区的二氧化氮、二氧化硫、甲醛、乙二酸、气态亚硝酸和苯系物等污染物，实时监测工业园等城市重点污染区域的废气排放，为各地生态环境部门管控与治理提供有效数据支撑。

核心团队

李　波

地球和空间科学学院博士

盛嘉隆

黄立余

王言彬

创客故事

我有一个梦想，源于对自由呼吸的向往

环境安全，全世界重视的难题

李波清晰地记得，那天是2020年8月4日，天气闷热。

他刚从实验室回到宿舍，一边等着刚下单的外卖，一边刷着手机。

"滴滴"，一条新闻蹦上主页面，《黎巴嫩大爆炸伤亡惨重　硝酸铵威力为何如此之强》，他心头一紧，赶紧点开看。

“黎巴嫩首都贝鲁特港口区4日傍晚发生剧烈爆炸,多处建筑损毁,现场升腾巨大的蘑菇云,据黎巴嫩红十字会公布的最新统计数字,已造成至少113人死亡,另有4000多人受伤。目前搜救仍在继续,伤亡人数会进一步上升。”

看着新闻图片上升腾的棕红色蘑菇云,李波判断这场爆炸一定与硝酸铵有关。硝酸铵爆炸后会释放有毒气体二氧化氮,那是一种高度活性气态物质,具有特征性甜味,却是酸雨的成因之一。看来黎巴嫩的空气环境,又要遭受一段时间的重创了。

想到这儿,李波心里一阵堵,因为他太知道不能自由呼吸的痛苦。

8月5日,国务院安委会办公室、应急管理部就紧急召开会议,深刻吸取黎巴嫩贝鲁特重大爆炸事件教训,部署开展全国危化品储存安全专项检查整治。

我国是世界化工大国,危化品就像威胁公共安全的“定时炸弹”,监管工作一直抓得很严。“我们做的工业园毒害气体遥测系统,还是很有意义的。”看到这条新闻,李波对自己的创业项目又多出几分信心。

梦想起步,源于对自由呼吸的向往

2014年,李波考入中国科学技术大学,最初的专业是环境科学,这是他中学时代的梦想。

李波的家乡在河北保定,前些年空气质量很差。他高中就读于石家庄二中,隔壁就是一所大型药企,每到秋冬季会排放大量的硫化氢、氮气,同学们根本没法上体育课。因为户外空气质量太差,别说是跑步了,就是在走廊上站一会儿都会觉得很刺鼻。大家也做过一些努力,比如疯狂打市长热线举报,但因为没有气体实时监测系统,一般今天刚好转,明天又会继续排放,污染企业和老百姓整天玩着猫鼠游戏。

因为深受其苦,班里很多同学都立志要改变家乡环境,高考时选择报考了环境专业。李波也是冲着"环境"二字报考了科大环境科学专业，入学后发现主要是做气候学方向，就转到地球物理系，硕士就读的是环境监测专业，博士又转到软件专业。

李波说，自己的梦想在一场报告会上等到了实现的契机。那是刘文清院士做的一场报告会，关于户外立体监测的。刘文清院士是我国环境光学监测领域的专家，他成功地将光谱学技术应用于环境监测，开拓了中国环境光学监测技术新领域。

2018年9月，李波有幸加入刘院士的课题组，主要负责一个系统的研制与开发。项目组经过一年多户外样机的实验，2020年5月，他们在皖能公司做了样机测试；2020年8月，他们带着这个项目参加了第六届"互联网+"大学生创新创业大赛，并获得了安徽省金奖。

创业过程，技术和落地同样重要

对于中国科大学子来说，创业的优势在于很容易拥有一个好的创意；但那只是创业的第一步，在创业过程中，科研成果和商业转化，是相辅相成的两件事。

在双创学院“新苗计划”的辅导会现场，听完李波的分享，有辅导老师提出，普通大众听不太懂那些专业名词，再高深的技术也需要落地，也要面对市场，希望李波之后的路演，表述可以更通俗易懂。

李波虚心接受了老师们的建议，他说：“创业后，自己的思维方式发生了很多变化。”

在李波看来，科研是解方程式，商业是将研究成果落地并推广，怎么能让大家愿意用他的机器，在实际生活中解决问题，而不仅仅停留在草稿纸上的公式，是他现阶段面临的最大挑战。

日本早稻田大学商务学院客座教授三谷宏治在著作《商业模式全史》中曾提出一个商业模式的四要素模型：

你的客户是谁？

你给客户提供了什么价值？

你的核心竞争力是什么？

你是怎么盈利的？

其实李波和他的团队，基本上用行动解答了前三个问题。

他们研发的污染分子超分辨光谱仪，能实时监测工业园区工厂排放的污染气体的光谱数据，通过算法分析得到污染气体的浓度，实时为环保部门、企业反馈污染信息。

相较于传统的激光雷达等单波长仪器，超分辨光谱仪在精度、检测限、温度控制等方面都有了较大提高，并且体积小、重量轻、工作稳定性更高。因为观测的是连续光谱，观测到的污染物浓度更准确，实时性强，并且因为使用光谱分析，监测出的污染气体种类也更丰富。

如何将这样一台更加高效的监测设备推广出去，让更多工业园区和环保部门愿意尝试使用？如何收集客户大数据，在一线客户的使用过程中，不断迭代更新技术和设备?这是李波团队和市场磨合的另一个重要课题。

一个人走得快，一群人走得远

李波现在是“工业园区有害气体立体监测”项目的负责人。

团队还有四位成员，都是科大学子；一位环境监测专业博士生，一位少年班学院本科生，还有两位是法律专业本科生。

他们的团队一起合作有三年了，大家是相互陪伴着成长起来。李波说，做科研并不像大家想的那样，一直都待在恒温实验室里，也不完全是脑力劳动。做外场试验时，经常要实地监测一两个月，真的很辛苦。

有一年冬天，他们要给设备做样机监测，需要24小时轮班。冬天的户外，经常零下好几摄氏度，刺骨的寒风中还常常夹杂着雪花，出门都得鼓起很大勇气，更别说长时间站在寒风中看数据、记数据，回到房间还要及时分析数据，真的会冻成冰棍。但几个年轻人一起相互督促、相互鼓励，务必把监测数据记录得准确完整。

“就是因为有小伙伴互相鼓励,才感觉没那么苦,如果是我自己一个人做,真不一定能坚持下来呢。”

李波说,在他看来,这些还不是创业最艰难的时刻。

他不怕个人吃苦,但有时和一些业务部门对接时,因为各种利益冲突,会频繁碰壁,他时常有走投无路的感觉,也确实产生过退缩情绪。

每当他想放弃时,就会想:“如果我退缩,这件事还是要由别人来做,环境保护和治理工作总要往前走。”因为不忘初心,才一次次咬牙坚持了下去。

创业过程中,李波说,最感谢的是老师们的无私帮助。平时科研上遇到什么问题,技术上难以突破,老师都会手把手指导;在做外场实验时,因为要对一些工厂进行监测,会遇到各种各样的难题,也是老师发动社会关系,亲自去和政府部门沟通,再取得工厂的合作支持。虽然创业有各种不易,但李波相信,只要是有价值的技术创新类产品,最终还是会得到市场的认可。

现在他出门谈客户,学会了向客户直接展示产品能达到的实际效果;告诉客户如何花更少的钱,解决安全生产中更重要的问题。

安全监管的意义远大于灾后救援。李波说,他看过一部纪录片《重返危机现场》,拍摄的是德州炼油厂大爆炸事件,“现场太过惨烈。我希望能通过自己的专业技术监测,帮助工业园区防患于未然,更希望不再看到工业园区的爆炸新闻。”

帮助人类更加幸福安全地生活,在李波看来,就是做科研的意义。

项目价值

由于人们对工业高度发达的负面影响预料不够，预防不利，导致了资源短缺、环境污染、生态破坏等全球性危机。其中，环境污染是各种污染因素本身及其相互作用的结果，它对生态、社会、人体都有不同程度的危害。环境保护，监测先行。目前，国内现有空气质量监测系统基本上是依托于1400多个地面监测站点，其数量相对少，仅覆盖部分城区，且单个站点的建设成本超过1000万元，建设成本高。所监测到的数据范围小、不连续，数据仅为近地表结果，难以弄清污染产生过程，不能实现污染追踪溯源。近年来政府环保问责持续发力，相关措施陆续发布，然而目前的环境监测能力无法满足政府监管需求，地方政府面临着要么投入巨额资金加密地面监测站点，要么被上级政府问责、处罚的两难境地。

本项目另辟蹊径，基于吸收光谱学原理，自主研发出立体监测的光谱学仪器及系统，可针对工业园区及大气的多种污染物实现全方位、实时的同步观测，可以有效地解决当前行业痛点，满足政府监管需求。

本项目利用原子在光的照射下从高（低）能态跳到低（高）能态发射（吸收）光子的过程。不同气体分子的跃迁能级不同，在不同波段的吸收就不同。污染分子超分辨光谱仪测量技术是一种基于空间测量的光谱技术，在紫外/可见波段以较高的辐射测量准确性和光谱测量稳定性测量经过地球大气或地表反射、散射的太阳光辐射，通过对天底测量大气层，利用痕量气体分子对紫外/可见波段的“指纹”特征吸收光谱，采用吸收光谱的算法解析来定量获取全球（或区域）污染气体。

本项目还解决了一些技术难点，通过多项式统计补偿，有效解决了实际入射光强和测量值的非线性问题，可以通过技术矫正，将误差由3%降低到3‰以内，极大提升了超分辨毒害气体监测仪的应用性能和前景。

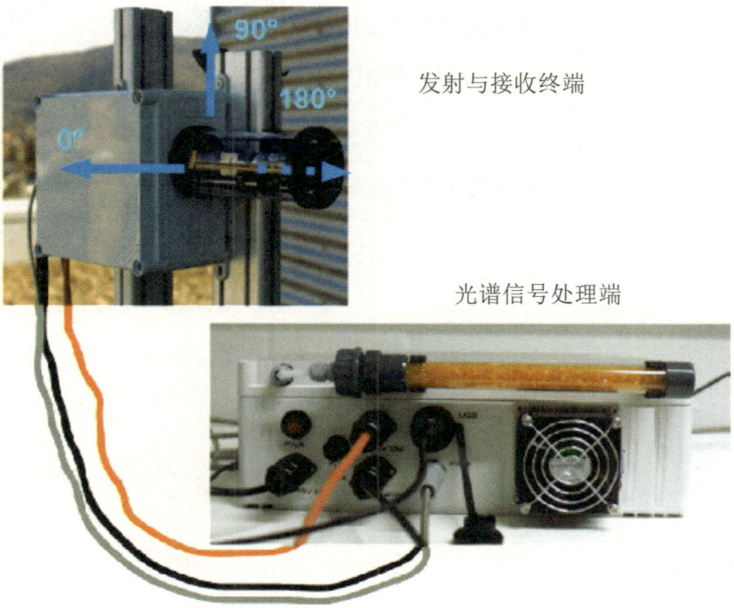

污染分子超分辨光谱仪搭载示意图

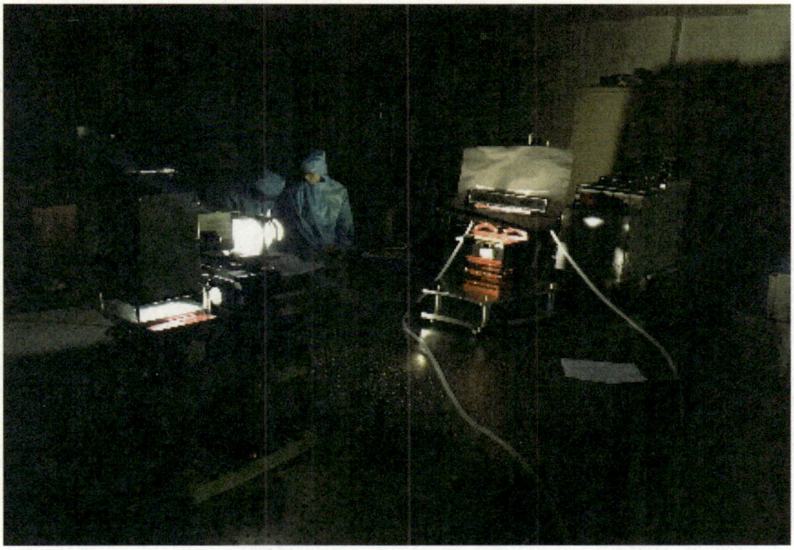

超分辨毒害气体监测现场图

与市场上同类仪器相比,超分辨光谱仪在精度、检测限、温度控制等方面都有了较大提高，并且体积小、重量轻、工作稳定性高。同时由于利用非接触式光谱检测技术，其成本相对较低，使用寿命也相对较长。可以同时获取多种污染气体成分（如NO_2、HCHO、SO_2、气溶胶等）。

超分辨光谱仪在线监测指标对比

仪器类型	测量原理	监测种类	响应速度	检测限	体积（cm）	重量（kg）	价格（万元）
地面原位仪器	化学采样	二噁英、苯系物等	~1 d	0.1~100 ppb	70×60×190	>100	>100
激光雷达	回波信号	无法直接观测毒害气体	~1 min	~1 ppb	~80×80×150	>80	>200
毒害气体超分辨光谱仪	光谱吸收	苯系物，氰化物、芳烃类化合物等	~1 min	<0.1 ppb	~45×35×25	~25	<50

本项目研发的污染分子超分辨光谱仪，能实时监测工业园区工厂排放的污染气体的光谱数据，再通过算法分析得到污染气体的浓度，实时为环保部门、企业反馈污染信息。通过光谱分析，能监测到SO_2、O_3、NO_2、HCHO、VOC、颗粒物等多种污染物。

通过自主研发的污染分子超分辨光谱仪，根据不同客户的需求，将产品分为两类：针对科研机构、高校等具有较强专业能力的人，可提供直接的污染分子超分辨光谱仪；对于非专业的人员需求，除提供仪器硬件之外，同时可提供反演的污染物浓度数据服务。

工业园区有害气体立体监测系统，助力于大气污染的综合防治，为大气污染的追因与控制提供数据支持，为建设生态文明贡献力量。

访谈心声

主持人：刚才你路演，一上来就说到黎巴嫩污染事件，为什么想到以这个做开场？

李波：今年这个事故还是挺大的，我们课题组挺关注。而且让我想起中学时，学校旁边就是个药厂，每到秋冬季就会排放很多硫化氢、氨气，大家都没有办法上体育课和进行户外活动，特别痛苦。

主持人：你做这个项目是不是源于当时深恶痛绝的体会？

李波：是的。当时我们班很多学理科的同学，都立志要改变家乡的环境，高中班里很多人都选择读环境专业。绿水青山才是金山银山，这话太精辟了。

主持人：在科大什么时候开始着手这个项目？

李波：我是大三时进入老师的课题组的。

主持人：虽然环境问题人人关注，因为确实跟我们的生活关系太密切了，但环境治理真的挺难，所以我觉得你们在做这个项目时，应该也很不容易吧？

李波：是的，做这个课题，包括关注环保这件事，方方面面的问题还挺多的。

主持人：创业过程中，有没有让你印象特别深刻的人或事？

李波：主要还是两位老师吧，老师对我们的帮助很大。

主持人：具体怎么帮助的？

李波：平时科研上遇到什么问题，技术上遇到哪些难题，老师都会手把手地去指导我，包括做实验时，因为项目研究有时需要做外场实验，对工厂排放进行监测嘛，会遇到各种沟通方面的问题，也都是老师出面帮助解决的。特别外场实验时，老师关心得更多。

主持人：怎么关心的？

李波：比如我们在电厂监测它的毒害气体排放情况，从电厂角度来说，它是不希望我们去对它进行观测的，老师会亲自去和当地一些政府部门沟通。感觉真挺难协调的。

主持人：你觉得创业对你个人的行为或性格有影响吗？

李波：让我变得更开朗了吧，原来我还是挺害羞的。

主持人：刚才几位辅导老师都说，你们的技术他们不太懂，可能这个技术确实挺精深的。但老师们还是提出，你们研发的项目技术再高深也得落地，要面向市场，创业最终是要进行商业运作的，这跟在学校里进行科研项目研发有很大区别。你觉得创业带给你的较大改变是什么？

李波：思维方式的转化吧，从只着手做眼前课题，解一个方程式的问题，到怎么去把这个问题推广开，让大家都用得上，用理论指导解决实际问题，而不单纯地在草稿纸上演算问题。

主持人：创业需要向客户推荐产品，你现在如何向非专业人士更清晰地解释你的项目，让他们能够在短时间内明白你们到底在做什么？

李波：主要是给他们展示我们产品能达到的实际效果图。我们开发的产品，可以让客户花更少的钱解决更重要的问题，能比较直接地解决像工业园、工厂这种工作环境下毒害气体泄露的问题。

主持人：就是能解决跟客户利益息息相关的切实问题。

李波：对，因为在工业园，毒害气体泄漏是非常严重的安全事故，通过我们专业的技术监测，可以帮助企业防患于未然。

主持人：你对你们项目和团队，未来有什么样的愿景？

李波：还是希望能够通过我们的努力，让工业园爆炸事件越来越少，希望以后不要在电视上再见到那么悲伤的新闻了。

专家点评

把一项实验室的技术创新转化到一个实际的产品，既是一个漫长的过程，更需要一个良好的系统。

世界上最成功的技术转化的例子就是晶体管。晶体管的发明可以说改变了整个世界，现在人们生活中的很多产品里面都有它。这么一项技术从最初的创新到全球化的产品推广用了50年。

我们回顾一下它的过程。首先，你要创造出第一个晶体管需要在实验室完成很多工作，包括在半导体方面进行研究，这就是AT&T公司贝尔实验室所做的基础工作。同时还需要分享以上工作，如果其他人不太理解你在做什么，你就没办法做技术转让。只有当这样的理念很好地被分享，和其他人需要的领域结合，才使得研究变成真正意义上的产品或者服务。

普通人不会单独买晶体管，他们只会购买晶体管的收音机、电脑和手机。当晶体管在行业领域能够被广泛应用，有相关的服务和产品时，这项技术商业化才真正实现。

今天的中国已经成为世界上最大的制造国家，它可以在全球范围内制造特别高端、复杂的产品。制造业基础良好，这对于技术商业化是一大优势，但是要将创新真正转化为产品还有很长的路要走。

对于环境保护，现在全球都非常重视，从相关内容来看，该项目的技术先进性毋庸置疑。但是，如果在市场上要发展的话，还需要经过一段时间的磨砺，找到自己的定位，明确自己的发展方向。

一般来说，一个创业项目从技术到最后的商业化要经过四个阶段，一是概念化，二是技术化，三是产品化，四是商业化。对于该项目而言，如何商业化这块考虑得比较少，还在就技术谈技术。我们大多数项目都是在技术化这个环节做得比较多，但是，如果从纯粹的创业角度来设计，应该是从概念化开始去解决技术问题，然后再把它产品化、商业化。如果我们科大的项目大多数从技术开始，技术已经很成熟了，那么就应该思考怎么才能形成产品化的概念。只有有了产品化的概念，才能最终把它商品化。

对于一个创业项目的发展来说：第一，人是最重要的。创业团队是一个公司发展的基石。第二，技术是核心。科大的创业项目的特点就是技术含量高，我们应该不断保持技术优势，这是我们的核心竞争力。第三，要以市场为导向。项目团队要尽快适应市场，更好融入竞争环境。只有这样，项目才能不断成熟和发展壮大。

——孙森（上海锦天城（合肥）律师事务所高级合伙人，中国科大创新创业导师）

微光仪器：
基于脉冲光照调制的光生物自动培养监测仪

基于微生物的基因编辑、合成生物、生命组学等新兴技术，是破解人类健康、环境生态、资源瓶颈、粮食保障等重大问题的重要路径。目前，生物实验室都有培养液态微生物需求，主要培育微藻、细菌、酵母、悬浮细胞系等品种。但培养过程存在三大问题：一是主流产品被国外公司垄断，单台售价高达2万美元以上，普通实验室无法承担；二是光照控制水平低，均无法精准调控光量子数及光谱；三是仪器自动化程度低，不同品种通用性差，数据无法云存储。

项目组研发的一款基于脉冲光照调制的光生物自动培养监测仪“Cradle-1”，其核心功能包括：① 材料自动化培养，可升降温度自动控制及自动磁力搅拌；② 全球首款实现光质、光强、频率和占空比四维度脉冲光照，基于光量子数多通道光照调控；③ 微生物生长曲线自动测量及绘制，彻底解放人力；④ 实验数据自动云存储，手机应用程序（APP）实时可查。Cradle-1将在性能、功能和性价比三方面实现对进口仪器的全面超越，为科研仪器国产化贡献力量。

核心团队

张昕昱

物理学院博士生

余士喜

赵洪龙

张智森

郑佳楠

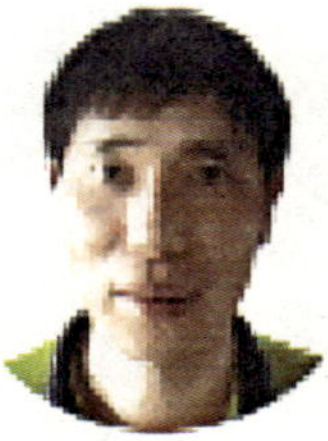

张放心

李　明

创客故事

创新来自需求,创业更要能力

深具科大特色的新苗,敢于直面批评和挑剔

张昕昱是中国科学技术大学物理学院博士三年级学生,这次"双创"学院"新苗计划"上,他带来的项目是"基于脉冲光照调制的光生物自动培养监测仪"。

辅导会现场有老师评价,这个项目属于典型的科大"新苗"。

首先,研究领域很有科大特色,地球物理、蓝藻产业、合成生物、多通道光量子数测量、微环境控制及脉冲光照调制系统……普通人听上去云里雾里的词汇,都是这个项目的关键词。

其次,创业团队是一支"梦之队",硬件和软件开发工程师是原科大讯飞智能硬件部的副总监,团队其他7位成员都是博士学历起步,还有一位是中科院分子植物科学卓越创新中心的博士后。不知这样一支高学历团队在平时工作中会不会"神仙掐架"?

再者,说它"新苗"一点也不夸张,和很多久经沙场的选手相比,张昕昱是第一次带着项目计划书参加路演。刚来时他还挺惴惴不安,好在他定位清晰,觉得自己的项目还没进行到能融资的阶段,还有很多可以优化和迭代的地方,参加"新苗计划",就是想倾听各位辅导老师的意见,帮助团队指出问题在哪里,还有什么缺陷,回去尽快改进,再提高项目的质量。

这是我最喜欢张昕昱的一点。真的勇士敢于直面批评和挑剔;面对困难,成熟的人不会抱怨,只会冷静地想办法解决问题。

有一次,张昕昱和团队去拜访客户,这家公司的工程师提出:"你们的技术确实很好,也有自己的技术壁垒,可体系就这么点大,罐子只有12米高、2米宽,对于我们这种大型工业,光源怎么加?浓度怎么增大?"总

之提出了一堆问题。一般人可能觉得尴尬,但张昕昱想的是,我们有这个技术,你说的这些问题并不是不能解决,而是之前没想到,既然现在提出来了,我们就一项一项地帮您解决。正因为有这样的态度,后来双方真的开始了合作。

那次拜访客户的过程给了张昕昱很多感悟,创业要落脚到企业真实需求上,而不是光在实验室里演算,要把在实验室的科研理论和实际需求真正接轨起来。

是自己"冲顶",还是利他"做装备",这是个选择

听完几场中国科大"双创"学院的创业辅导会后,张昕昱越发觉得,学习是一种能力,科研需要天赋。能苦读到博士的人,要具备的不仅有努力,更重要的是对专业的热爱,在那些繁复的数理化公式中,真正看到美的存在。

以前一提中国科大,大众脑海中跳出的就是"科学家""象牙塔"纯粹又很艰苦的科研氛围;而现在,有越来越多的科大学子参与到创新创业中,希望成为有科技实力的企业家。

关于这种变化,张昕昱有自己的解读。在他看来,国家的科研战略在不断调整之中,如今,随着科研成果数量的不断增长,对质量就提出了更高的要求——精。国家导向也是科研走向应用层面,与实际的生产生活相结合。

中国传统文化一直提倡知行合一,学以致用,是做研究的终极目标。

“现在大家并不把拥有技术核心竞争力当成自己唯一的金字招牌,而是希望成为更广泛意义上的社会价值的引领者。不要局限于某一个技术点或一项技术的发明创造,而是社会价值的产生。”

张昕昱说,每一代人都有自己的历史使命,他们这一代科研人员,也有自己的道路要走。

当初选择考到中国科大读博士,一定是因为热爱科研,现在选择组团队创业,其实是两条不同的职业道路,为什么会有这样的改变呢?

张昕昱说,思想转变不是在某一天突然发生的,而是慢慢变化的。

还记得那段时间他们在上海做实验,实验过程非常累,每两小时取一次样,凌晨四点也不能睡,科研人员大量时间耗费在不断取样上,当时就萌生了一个念头,取样过程完全可以自动化,解放科研人员的双手,科研也要提高效率,机器、技术发展到今天,是可以想办法解决低效问题的。他笑称,是那段特别辛苦的科研“民工”时光,逼着他萌生了创业念头。

他还打了个有趣的比喻,本来自己要冲顶珠穆朗玛峰,走一半发现装备太落后,损耗登山运动员的体能,就先把冲顶愿望放一放,开始研发装备,为这个行业更多的人冲顶做有力支撑。

做出这个创业决定，他基于两点判断：

一是合成生物学是一个非常大的蓝海市场。根据麦肯锡报道，有4万亿美元的蓝海市场，这个专业对人类很重要，对包括医药行业、癌症治疗等都有重要的推动作用。

二是合成生物学的实验室里有很多微生物培养需求，想推进行业发展，前提是要让实验室做好研发工作。他们研发的产品，让科研人员不必再花整个研究1/3的时间做组织培养、微生物培养，可以全心扑在核心科研课题上，而不是把精力花费在重复性工作中，这是他们的价值核心。

日本“经营之圣”稻盛和夫曾说：“成功之道，在于利他之心。”“为社会为世人”，这种纯粹的动机，是成功的原动力。

张昕昱怀揣“利他”的创业动机，应该能带着这个项目走得更远。

技而优则创，创新既要有需求，更要有能力

曹德旺有一段演讲很精彩。

别人批评曹德旺没文化，他说不是的，那是你们不懂什么叫文化。

“文化”和“知识”是“道”与“术”的区别。学各种高精尖专业，都是“术”；文化是“道”，虽然讲不清楚、摸不到，但无处不在，要长期积累和积淀，才能够悟它。做企业必须有文化自信，文化是一种信仰，是一种修行，是一种经验的积累，当然也需要技术经验的支持。

张昕昱在路演现场也说了类似禅意的话，他的逻辑是从“术”到“道”，提出“技而优则创”。必须在一个小的技术点上做出很深的造诣，再把这个技术点应用到创业过程中；没有一劳永逸的创业，要在市场反馈里不断磨炼技艺，才能慢慢产生企业文化自信。

为什么会研发这样一台仪器？就是因为在做科研过程中有需求，要想办法解决，创新来自需求；满足一个需求后，还要想办法满足下一个，要有能力让“术”不断升级，才是创业的正途。

在大部分人看来,创业最重要的因素是科技创新,科大系创业团队最不缺的就是技术。

但创业真的有技术就可以了吗?

张昕昱坦言,创业过程中,除了科研上的困难,作为一家企业,对他来说最难的是如何做抉择,如何说服自己做这个选择而不是那个,未来团队要走哪一条路?在学术氛围浓厚的中国科大,大家都有自己成熟的世界观和价值观,在这样的环境里做选择并不容易。

面对未来,他最期待的,是团队有共同的价值理念,有一批特别有激情的人,大家奔着共同目标全力以赴。创业就是要先相信自己的梦想,如果没有改变世界的激情,为什么不继续上班呢?

创业者需要具备的能力也非常多,包括之前他很陌生的路演都要亲自上阵。张昕昱感谢中国科大创新创业学院的支持,觉得他们的工作做得非常好,很到位。前期沟通中,创新创业学院的老师们真的是为他们的团队着想,提供了很多帮助;辅导他们参加"互联网+"创业大赛,给了很多专业性意见。"如果没有他们的帮助,可能我们这个项目不会走这么快,说不定自己还在实验室里慢慢捣鼓呢。"

这也就是中国科大"双创"训练营"新苗计划"举办的意义吧,帮助各个创新创业项目团队顺利完成技术研发、团队组建及商业计划制订,成长为创业"新苗",真正做到"讲好创新创业故事,提高创新创业能力"。

项目价值

21世纪被称为是"生物的世纪"。微生物作为生物领域重要的研究载体和应用对象,正广泛渗透到医药、农业、能源、工业、环保等领域,被视为破解人类健康、环境生态、资源瓶颈、粮食保障等重大问题的重要路径。该领域的全球科研前沿和产业转化都方兴未艾。

光生物反应器是一种进行微生物培养的科研仪器，它通过控制环境变量实现材料的快速培养。目前，全球几乎所有的生物实验室都具有培养液态微生物的需求，主要培育品种包括小球藻、硅藻、雨生红球藻、蓝藻等微藻，光合细菌、大肠杆菌、乳酸菌等细菌，啤酒酵母、产朊假丝酵母、乳酸酵母等酵母，以及水稻、棉花、烟草等悬浮细胞系，等等。但面对快速增长的微生物科研需求，目前的微生物光生物反应器存在主流产品价格高且被国外垄断、光照控制水平低且无法精准调控光量子数及光谱、仪器自动化程度低等突出问题。

面对顶尖科研问题和广阔市场前景时，传统微生物培养仪器愈来愈无法满足实验人员的需求。目前，国内厂商尚无全自动微生物自动培养监测仪，部分藻类光反应器(PBR)主要应用于规模化养殖及工业生产，控制精度低，产品通用性及可编程能力差。

本项目研制的基于脉冲光照调制的光生物自动培养监测仪“Cradle-1”，是全球首款实现光质、光强、频率及占空比可调的光生物反应器，有望为解密脉冲光照影响藻类生长机理这一个困扰科研人员近30年的谜题提供一个有效的研究平台。

光生物自动培养监测仪Cradle-1示意图

该仪器将实现如下功能：

（1）高硼硅玻璃仿细胞培养瓶的250 mL大体系培养空间。

（2）微接触多点温度测量，及控制精度小于0.1 ℃的0~70 ℃温度自动闭环控制。

（3）20~1500 rpm可控磁力搅拌。

（4）OD850自动测量（850 nm吸光度值），测量间隔自定义，自动绘制生长曲线。

（5）红光光量子通量密度（RPFD）0~500 $\mu mol \cdot m^{-2} \cdot s^{-1}$可调。

（6）蓝光光量子通量密度（BPFD）0~500 $\mu mol \cdot m^{-2} \cdot s^{-1}$可调。

(7) 基于专利多通道光量子传感器技术的RPFD及BPFD自动闭环控制。

(8) 红光脉冲照射频率0.1~100 MHz可调，占空比0~100%可调。

(9) 蓝光脉冲照射频率0.1~100 MHz可调，占空比0~100%可调。

（10）同步、异步、红光、蓝光四种独立光照模式，分别实现红蓝同步、异步、红光常亮及蓝光常亮照明。

（11）基于pyQT制作电脑控制软件，实现参数设置、曲线绘制、数据导出等功能。

（12）一台电脑可最多同时连接和控制12台Cradle-1。

（13）Cradle-1自带7寸（1寸=0.033米）电容触摸屏，脱机亦不影响正常工作。

上述功能的Cradle-1将是成功实现藻类及微生物培养的一款科研利器，自动OD值测量及曲线绘制将彻底解放科研人员的双手，无需花费时间等待下一次取样和通宵测量，实验流程将从以前的“接种—取样—取样—取样—结束”简化成“接种—结束”，并通过精度0.1 ℃的温度控制，大幅提高实验可重复性，而转速可调的磁力搅拌将显著提高生长速度。RPFD及BPFD在光质比、光强、频率及占空比四个维度可调节，将为光生物学研究带来极大的便利，并能够为研究脉冲光照微生物响应机理提供极佳的研究平台。项目组已开发的一款多通道光量子传感器，能够同时测量RPFD、BPFD、PPFD等基于植物光度学的光照强度数据。已制作的50台样机已经投入使用并取得了良好的预期效果。

Cradle-1通过充分汲取实验室操作经验及用户需求，能够兼容包括微藻、细菌、酵母、悬浮细胞系等在内的多个培养物种，极大地扩展了应用的广度，物联网技术的加持将彻底解放科研人员的双手。

Cradle-1面向微生物科研及产业化这一行业，能够广泛应用于从事微生物相关技术开发的企业及科研单位。其主要客户为企业客户和高校及相关科研院所。企业客户包括但不限于微藻养殖行业、生物医药行业、酵母行业、酿酒行业、微生物化肥行业、光合细菌行业等。高校客户用途包括但不限于基因工程、生物医药、光合研究、代谢组学等。

访谈心声

主持人：张昕昱，你好，首先祝贺刚才在路演环节获得现场导师的点赞，点评老师对你这个项目是比较看好的。项目从创意到今天经历了多长时间？

张昕昱：真正有产品化思维大概是一年，前期在实验室打磨阶段也有一年，整个项目有两年了。

主持人：像今晚这样的路演参加过几次？

张昕昱：今晚是第一次面对面跟大家做分享。刚开始还挺紧张的，后来看大家眼神真切，对我们的项目也很感兴趣，就放心了。感觉今晚收获很大，聊得也很开心。

主持人：参加路演前，你期待有什么收获？

张昕昱：想来听到各位评委的批评和建议。我觉得这个项目还有很多可以优化和迭代的地方，所以想听到更多不同的声音，包括问题在哪里，欠缺在哪里，我们尽快修改，过一段时间再推出新版本。

主持人：四位老师的点评意见，你觉得哪一点切中要害？

张昕昱：老师指出我们要把市场应用的客户群体扩大，这点非常关键，对第二步成长期非常重要；同时又指出我们的核心壁垒在哪里要讲清楚，这是下一步要梳理的。

主持人：我的理解是，本来你是冲顶珠穆朗玛峰的，后来发现设备怎么这么落后，所以要把冲顶愿望稍微放一放，要为更多人冲顶做装备升级。“登顶”和“做装备”是两件事，你怎么评价今天的选择？

张昕昱：我觉得大家都是在为国家做事，都是为实现共同目标做贡献，分工不同没什么。而且任何科研领域，靠一个人的力量是不一定能做出来的，如果平台搭得好，让更多人去研究这个方向，那才是百花齐放。

主持人：如果你的设备仅服务于科研人员的基础应用环节，市场份额会不会偏小？这个问题之前有没有思考过？

张昕昱：其实之前想得挺多，比如我们团队可以做什么，能走多远。因为起步没有资本支持，要在有限的科研经费、有限的时间里做出一个阶段性成果来，肯定要从小项目先开局，有一定积累后，再进行扩展。扩展空间还是非常广阔的，因为合成生物学整个市场未来非常广阔，不亚于其他任何一个行业，既然能涉足这个行业，就能做得更多。

主持人：创业是一件很艰苦的事，当然也是件有挑战的事，有没有想过，万一不成功呢？

张昕昱：当然有，创业成功者可能只有十之一二，失败者十之八九，在于你怎么做。创业要考虑出发点和立足点，如果出发点不好，即使成功了我也不开心；如果我们就是从技术入手，从解决实际的问题入手，我相信会有一个好结果。

主持人：这次创业，你更看重的收获是什么？

张昕昱：就是取得技术上的进步，而且我们树立了一个国产仪器的样板，这个非常重要。

主持人：在创业过程中，你会吃很多苦、受很多累，也会付出很多时间和精力,从功利角度来说,把时间和精力放在学术研究等直接变现的工作岗位上,可能产效会更突出。

张昕昱:做这件事是自己喜欢的,那就没办法,并不是说做学术就是最好的。

主持人:做仪器是不是就把自己所学的知识变成可应用的产品?

张昕昱:对,把我们的知识变成产品,最终服务于我们的社会发展。

主持人:希望知识变"有用"。你觉得这种认知,在现在的科大学生群体中普遍吗?

张昕昱:大家观念都有改变,尤其是近两年国际环境的变化,包括美国针对中国企业的一系列制裁,让大家思考很多,思潮变化也很快。近两年我能感受到,周围创业的小伙伴越来越多,思考把科研成果如何与实际生产生活相结合的同学也越来越多了。

主持人:如果再有一次路演的机会,你希望在今天的基础上有什么突破?

张昕昱:再一次路演,我可能会把今天各位嘉宾老师提的问题解决好,把我们整体思路能进一步理清;最重要的,能把真正的产品搬到现场来,实物展示给大家。

主持人:已经进入样品生产阶段了吗?

张昕昱:对,我们样品很快就要出来了。我们在加紧干活,抓紧把实际的东西做出来,产生效果,不需要说那么多,大家自然会看到。

主持人:我也很期待,希望下次路演时能够现场见证。

张昕昱:谢谢。

专家点评

该项目的技术含量非常高，有很多技术上的突破，其面向科研人员使用，但其用户市场相对较窄。从项目团队的介绍来看，该项目在技术上还具有很大的突破空间，脉冲光照的调制，包括细胞密度的测量，跟其他研究成果相比还是有很大的技术优势，但技术壁垒并不是很高，或者说别人不做的原因并不是技术壁垒高到人家无法逾越，只是很多的人或是认为市场小，或是认为投入大、回报低，不愿意做。创业团队也意识到了这一点，他们计划把这个仪器作为突破口，而且要不断优化，不断迭代升级，到了第四代、第五代，就可能建立起别人不可企及的壁垒。

产品研发与市场需求的关系主要有两种：

一种是响应型的。响应型的产品开发，一方面立足现有客户尚未完全解决的需求，基于客户体验的反馈优化产品创意，整个过程受客户需求和意见的引导，把产品新功能拓展作为与客户的交流方式，在交流过程中快速试错，实现新产品开发的商业化决策；另一方面，针对既有的客户需求表达，成立专门的讨论小组，对客户需求表达中的技术不确定和市场环境模糊性的突出痛点进行试错更迭，获得反馈后采取针对性、专业化的分析和优化措施，识别其尚未满足的需求，以进行快速试错直至商业化，从而拓展市场，提升新产品开发成功率。

另一种则是前瞻型的。前瞻型的产品开发对客户需求有着更深的理解和应对能力，能够在客户提出新要求之前就预测或探索其需求变化趋势来提供解决方案，甚至采用先进技术激活企业的休眠资源来实现客户的潜在需求，持续不断地改良产品，以深化和加强对客户需求的理解和判断，推动新产品开发快速面向市场。

响应型开发企业容易使企业陷入“成功陷阱”，囿于短期效益，在产业开发过程中丧失市场敏锐性，因而对新产品开发作用有限。前瞻型的开发企业能够通过整合市场资源来及时预测市场需求和变化，通过持续创新来引领市场，主动应对客户需求，使得新产品开发的速度、数量得以提升，进而提升新产品开发水平。相比于响应型开发，前瞻型开发企业关注长期效益，致力于在转型背景中对高不确定性做出积极反应，持续改进产品和服务，形成更加具有市场潜力的新产品；响应型开发企业则关注短期回报，聚焦客户的现有需求，客户关系维持在快速满足市场中表现出的需求上，并不强调企业的持久创新能力，对于新产品开发的影响存在局限性。

因此，我们建议项目团队先要考虑一下自己产品开发的基因，是响应型的还是前瞻型的。响应型对客户需求的要求较高，没有好的客户，可能迭代的能力和质量就会受到影响；前瞻型则不同，能够自己洞察和凝练客户需求，自己带动迭代。从目前来看，似乎目前的团队还是更多依赖客户和市场的需求的，离前瞻型的差距还比较大，希望团队能够好好发展，尽快实现自身的转型。

创新创业要有脚踏实地的实干精神。学生创新创业团队除了在技术和专业上的培养，更应注重加强团队凝聚力和团队文化建设，增强社会责任感和使命感。

——邱本胜（中国科学技术大学电子科学技术系主任，中国科大创新创业导师）

沃科冷盾：
基于区块链技术的冷链供应链数字化解决方案

冷链供应链上的企业普遍面临“信息孤岛”、协同激励、数据安全可信等方面的问题。该项目基于SaaS云平台，以分布式存储、共识机制与加密算法等区块链技术，通过软硬一体化的技术和服务，实现供应链全链条的数字化和物流全场景的智能化，打造物流透明生态体系，在安全、效率、成本和体验四个方面赋能供应链物流数字化升级。通过上层的对等直联、安全通信和匿名保护，加速打破“信息孤岛”的行业坚冰，加快信用数据的汇聚沉淀，以低成本建立共识信任。

核心团队

秦　庆

人文与社会科学学院硕士研究生

南杰慧

黄　根

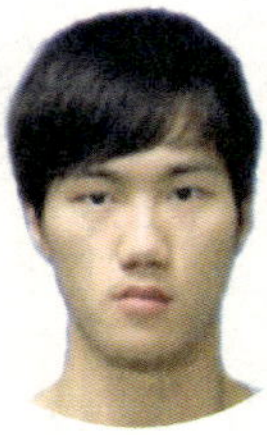

金　铭

周　旺

孙　栋

孙海彬

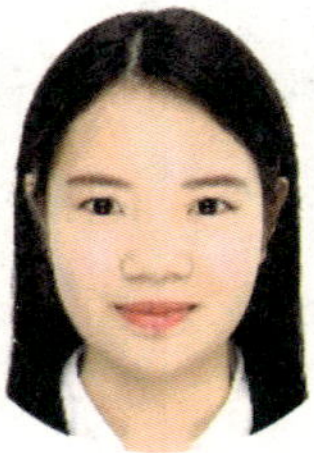

黄　荣

童　谣

创客故事

因为热爱区块链技术,所以甘愿不断探索

科技如何保护新零售时代数据隐私

著名经济学家刘润在一次演讲中分享了两张图片:一张是美国黑五购物季,商场门口人头攒动,真人演绎什么叫"血拼";另一张是中国"双十一",商场冷冷清清,但快递公司门口包裹如山。刘润用这两张图片开篇,说明什么是中国的"新零售"。互联网高速发展20年,中国物流网和移动支付的普及,带来了新零售行业的效率革命。

曾有人这样形容Z时代[①]女孩,"她们不是在买快递的路上,就是在拿快递的路上"。近两年相关大数据显示,男性和中老年群体网购的比例也在大幅提升;而三四线城市下沉市场,早已成兵家必争之地。"拿包裹"不再是女性特征,而是全民生活方式。

新零售需要物流支撑,物流必然产生大量数据,怎样让这些数据更有价值?如何保护用户隐私?非隐私数据能不能为相关主体公共享用?……这些都是秦庆团队在思考的问题。

本次"新苗计划"辅导会上,秦庆带来的项目是《基于区块链技术的冷链数字化解决方案》。

2019年11月,秦庆参加了第十八届物流学术年会,代表中国科大团队在会上做了20分钟路演,获得中国物流学术年会银奖,这让他备受鼓舞。

返校后,他立刻在中国科大区块链协会内部做了一场头脑风暴

① Z时代,又称网络世代、互联网世代。

会。协会有20名核心成员，大家来自不同的学院，因为对区块链技术充满激情聚到了一起，这些区块链粉丝们，也特别希望这门先进的技术能早日落地，应用到具体行业中。秦庆点燃了大家内心的星星之火，他们开始思考，能不能将区块链技术结合软件的形式，落地到物流行业中。

项目推进得很快。从第一次头脑风暴到2020年3月过完春节，大家基本定下了项目框架。疫情期间，秦庆和会员们一起把SaaS系统的样本(demo)开发了出来；2020年7月，他们通过中国科大"双创"基金答辩，正式获得学校基金支持，也成立了安徽沃科冷盾信息技术有限公司。

秦庆和伙伴们的创业项目，在科大创新创业学院的护航下，正式扬帆起航。

"野心"不能成就你的，热爱或许可以

秦庆是中国科学技术大学科技传播与科技政策系2019级研究生，也是本届"新苗计划"中，为数不多的科大人文学科学子。和理科学霸

们相比,读文科的秦庆更显活跃,在路演现场的沟通和表达能力也更加自如。

难能可贵的是,秦庆的专业是科技传播,区块链本只是业余爱好,现在却成了创业方向。千言万语抵不过“热爱”二字。

2019年刚一入学,秦庆就参加了科大管理学院第四届物流创业训练营。很多人以为物流就是送快递,这种理解太过片面,小组建模时大家都在思考,如何能把前沿技术结合到物流行业中,大家瞄准了最先进的区块链技术。

秦庆恰好又是个区块链狂粉。他说:“区块链技术已成熟近十年,有踏踏实实的技术沉淀,只不过缺少好的应用场景,离百姓生活太远,大家一提‘区块链’,不是觉得空中楼阁,就是想到比特币等金融词汇。”

作为比特币底层技术之一的区块链技术,日益受到重视。区块链是一个信息技术领域的术语,本质上它是一个共享数据库,存储于其中的数据或信息,具有“不可伪造”“全程留痕”“可以追溯”“公开透明”“集体维护”等特征。基于这些特征,区块链技术非常适合落地物流行业。

把区块链技术落地,是团队成员的共同梦想。秦庆说,虽然大众对区块链技术还不太了解,但一门新技术,就是需要一批又一批先行者去探索融合。他坦言,很快做成一个成熟的区块链项目不太现实,但即便这样,他和伙伴们还是愿意去努力尝试,这才是科学探索的精神。为喜爱的技术,内心只有"甘愿"二字。

创业是升级打怪,战略在不断调整

从一开始计划落地物流行业,到现在项目聚焦冷链物流领域,创业就是升级打怪,只要融合落地的目标不变,阶段性战略就要根据市场变化不断调整。

根据市场调研,他们发现冷链物流领域对新技术需求更迫切。中国冷链市场占全球冷链市场的1/4,90%的中小企业创造了80%的行业利润,这些小微企业每家有自己的系统,但彼此之间无法直接共享,导致信息孤岛。物流生产关系的信任成本越来越高,数据流转的不通畅也使征信评级出现问题。

针对这样的行业痛点,他们开发了一套SaaS系统,推出基于区块链技术的冷链数字化解决方案。他们的目标是成为"中国冷链溯源行业的领军企业"。目前他们已与上市公司安徽丰原药业股份有限公司签订了SaaS产品和区块链合作协议,还与诸多物流公司、商贸公司签订了产品试用协议。

既要走近一线,真实解决用户难题,又要有开放的态度,与强者合作共赢。冷链业务很大一块是水果类,团队在福建调研时发现,当地果品都由人工检测,对产品做防伪追溯的更少,而区块链可以很好地解决大数据产品问题。他们很快决定和中国农业大学的博士后团队合作,共同开发出一款设备,通过6个具象指标,实现果蔬等级化分检,也便于产品的防伪追溯。

在拓展业务的过程中,他们发现最大的难题是用户教育,企业里懂区块链的人才太少,大家根本认识不到这项新技术的价值。一门技术想发展,离不开大批专业人才的进入。秦庆团队已与安徽城市职业管理学院签订教学版产品合作的协议,先改良了自己的demo系统,还采购了一批传感器供学生们实习使用,与高校合作教学相长,他们也期待有更多学子投入区块链事业中。

梦想在左手,朋友在右手,未来才会变得有看头

"创业",不仅意味着最初的好创意,更意味着在实现创意路上的九九八十一难,这是每一位创业者都需修炼的人生业力。

秦庆面对的"第一难"是责任。

科大区块链协会有二三十人参与此项目,如何搭建组织架构,给每位同学找到合适的位置,如何整合排布手头资源,安排每个人具体做的事……都需要这位领头人亲力亲为。

阿里COO(首席运营官)邓康明曾说过,作为"C位"的人必须找到心头热爱,因为身处"C位"的人注定无可取代。作为团队的领导者,他们虽孤独,但仍需决断,因为要为团队的每个人负责。

秦庆面对的"第二难"是穷。

区块链协会是学生组织,项目又是协会内部发起的,刚开始不仅没经费,连个开会的场地都没有。

为了打开创业局面,秦庆想到的第一步棋是参赛。2020年8月底有"互联网+"决赛,9月初有"挑战杯"决赛,整个暑假大家都在不断开会、做项目、做PPT、写代码、修改方案……一开始聚在东区咖啡馆,但咖啡馆晚上7点关门,大家又移到校门口的罗森便利店,因为那里24小时营业。那个夏天,小伙伴们几乎每晚都要奋战到第二天凌晨两三点,虽然很累,但没一个人说"我有事情先走了",只会说"我先把这个做完再

走”。秦庆心中对伙伴们充满感激，感激大家都在无怨无悔陪着他一起做创业梦。

最终，他们拿到省级创新创业大赛金奖！这对于一个文科生创业者来说无比珍贵！科大“双创”基金给了好几万元的资金支持，他终于可以给辛苦付出的伙伴们一些力所能及的回报；科大先研院也特批了办公场地，以后大伙儿再也不用窝在便利店里蹭暖气了……

秦庆说，创业过程其实挺苦。但他坚信，为钱做事容易累，为理想做事可以耐风寒，为兴趣做事永不倦怠。他期望自己能永远怀有一颗无畏的赤子之心，做一个勇敢的追梦人。

项目价值

随着近年来中国居民收入的增长，消费者对他们购买的商品、产品和服务的要求越来越高。这些商品包括新鲜的农产品和医药用品，都需要冷链运输。冷链市场有规模大、增速快、市场分散的特点。

中国生鲜电商行业也在迅速发展。根据欧睿咨询和前瞻产业研究院统计数据显示，2019年中国生鲜电商市场规模约为2888亿元，较去年同比增长19.1%，占中国生鲜零售市场总额的5.6%以上。新冠肺炎的暴发让更多的国人接触到了网购这一概念，助力电商行业在未来的中国经济发展进程中发挥出更大作用。未来，随着电商活动的增加，特别是对于新鲜食品和产品的需求量增加，国内对优质冷藏物流仓储空间的需求也将相应增加。

冷链行业的痛点也非常突出，如信息不对称、信息兼容差、数据流转不畅通等。本项目致力于研发软硬件一体化的智能冷链溯源平台，构建冷链物流全过程互通生态体系，逐步实现冷链行业全程可溯源、管理智能化、溯源便捷化，以及溯源低成本化。

项目产品围绕订单管理系统（沃科OMS）、预约管理系统（沃科

AMS)、仓储管理系统(沃科 WMS)、运输管理系统(沃科 TMS)以及数据采集传感设备(沃科智能设备),结合区块链技术构成一个软硬一体物流透明 SaaS 协同系统平台。

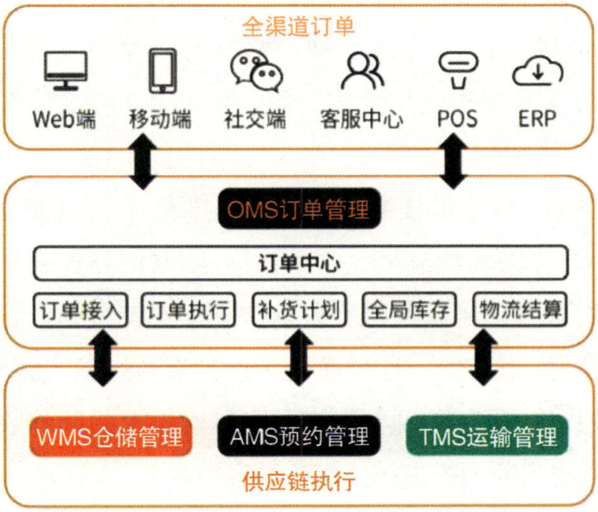

系统的综合业务关系

(1) 订单管理系统(沃科 OMS)是物流管理系统的一部分,主要针对供应商家设计的。通过对客户下达的订单进行管理及跟踪,动态掌握订单的进展和完成情况,提升物流过程中的作业效率,从而节省运作时间和作业成本,提高物流企业的市场竞争力。

(2) 预约管理系统(沃科 AMS)连接 OMS 云,整合订单数据,无缝集成 WMS 云,高效利用仓库资源,避免供应商与司机长时间排队。该系统支持承运商或司机按照客户到货或提货要求提前预约仓库窗口时间及月台,使仓库能提前安排仓储空间及劳动力资源,进而有序地安排仓库作业。

(3) 仓储管理系统(沃科 WMS)无缝整合 TMS 云,实现订单库存可视化、可根据运输安排提前备货,缓解仓库压力,提升配送时效。入库管理支持多种收货方式,通过自定义规则和策略智能上架。库存管理提供库位化管理，实现库存可视化，支持库位移动和数量调整。出库管理支持多种拣货策略，实现最短拣货路径。增值服务包括系统支持贴标、清关、换包装、Kitting组装和拆装等。

（4）运输管理系统（沃科TMS），能实现从发货到客户评价，配送全流程透明可视。沃科TMS云利用移动与社交技术，通过提供移动APP或微信公众号全程连接货主、承运商、司机与客户，实现多方实时协同。

产品主要基于区块链技术，并结合IoT技术，在冷链物流的关键环节中，由各个参与方采集物流相关订单数据、物联网硬件采集运输过程中环境数据分布式存证于区块链平台。该方案支持将物资管理的维度精确到每一件货品，记录每一件货品的信息和流转过程，为新型的冷链物流、商业模式提供了可能。同时，产品可以对链上的部分数据进行数据处理，给商家、物流公司提供相关优化方案的服务。

本产品的研发结合了区块链和物联网技术，实现了冷链物流全流程信息的可信记录，解决了信息孤岛、信息流转不畅、信息缺乏透明度等行业问题，同时利用大数据处理技术，实现了对数据资源的有效整合，给商家、物流公司以及客户都提供了更有效的服务，全方面提高效率保证质量。另外公司还提供相关的硬件，从而实现整套的新型冷链物流解决方案，对物流行业的整体发展具有重大意义。

访谈心声

主持人:看你的项目计划书,创业团队基本都是中科大区块链协会的,你们是一群什么样的创业者?

秦庆:我们是一群对区块链技术有热情的人,想让它应用到具体行业领域,让区块链技术更好地被大众接受和认可。其实区块链技术已经成熟了近十年,只不过缺乏很好的应用场景。

主持人:你说的这个应用场景,能不能举个具体的例子,让更多朋友更清晰地知晓?

秦庆:区块链最好的应用场景当然是金融,但我们学生做并不太得心应手,现在我们也和腾讯下面做区块链的部门、微众银行下面的一个技术团队在沟通交流。区块链在某些具体行业落地其实是有难度的,我们通过大量市场调研,包括行业调研、公司走访,发现很多人想利用区块链的技术,但却不知道从何用起,更不知道具体怎么使用。于是我们就想和这些企业一起来探索合作。

主持人:用探索的精神来尝试和推进。

秦庆：对，我们只能说不断探索，从开发一些小的产品开始，然后在市场上进行商业化应用和迭代。目前在中国，除了金融领域，其他行业几乎没有很成熟的区块链技术。我们做的这个项目，相当于把区块链当成分布式数据库，所有相关物流的主体——发货方、加工生产方、经销商、分销商和物流派送，这五个主体都会把数据传到系统上，我们生成一套基于时间轴的流程，显示在一套系统页面里，用户只需通过小程序扫一扫物品码，就可以实现全流程追溯。

主持人：非常快捷。

秦庆：对，快捷方便，而且有技术背书，很可靠。

主持人：听你说起项目滔滔不绝，就像刚才说的，大家都很有热情。在创业过程中，有没有非常艰难的时刻？

秦庆：艰难时刻还是挺多的，像我们这样一个二三十人的协会，做项目也需要统筹管理。另外，不能让同学们白干，一开始主要通过一些比赛，包括学校也给予了我们方方面面的支持。

主持人：具体哪些支持？

秦庆：主要是“双创”基金的支持，在“双创”基金设立之前，团队完全就是靠我和几个协会负责人用自己的情怀支撑，当然会员们也很给力。我告诉团队成员们，我们协会不能不做出点成果，一定要写点代码程序。后来学校“双创”基金给了团队资金支持。

主持人：这个很重要。

秦庆：非常重要，有了这些资金支持就可以给协会的成员们发劳务费了，因为代码编写的量非常非常大，虽然我们每个人每天写两千行就可以了，但我不能将每天的时间都用在代码编写上，我们还需要做架构、调试，以及各种各样的工序，所以当时还是需要靠协会的成员们过来帮助支持的。因为都在科大完成学业，大家科研压力都很重，我们不能让成员完全过来帮忙，抛去自己手中的事情不干。所以团队也一直希望能给所有参与付出的成员一些价值回报。

主持人：学校在这个阶段，给了你们非常强有力的支持？

秦庆:非常有力,特别是创新创业学院。正是因为有了他们的支持,我们才能够持续走下去直到成立了这家公司。

主持人:能不能对以后想跟你一样创业的学弟学妹们说些创业感受?

秦庆:首先,创业这个过程其实挺苦的,但是我一直坚信为钱做事容易累,为理想做事可以耐风寒,为兴趣做事永不倦怠,所以我希望学弟学妹们可以把自己的方向当作爱好,把它当作梦想,怀抱一颗勇敢无畏的追梦赤子心去追梦想。我们觉得在这件事上投入的时间和精力是有价值、有意义的,看着这些系统成形,看着与企业伙伴达成合作,我们由内而外产生感动和感激之情,感激自己付出的努力,也感谢这一路上拼命的自己,创业一定要抱有兴趣做事。

主持人:因为热爱所以值得。

秦庆:对。对学校真是三言两语表达不完我的感激,不知道该说什么,因为我们不像其他团队有实验室,有老师申请的重大科研基金,有各种各样的设备,我们其实连开会场地都没有,如果没有"双创"学院各方面的支持,没有先研院的支持,我们不会一次又一次被鼓舞和激励。

主持人:因为热爱,创业起步;又因为有了学校的支持,这次创业会走得更远、更持久。

秦庆:对。可能我们只是一棵幼苗,可能这棵幼苗还在冬眠,但有了创新创业学院的太阳和雨水,我们才能够萌芽,才能够破土,才能够更好地去追求光和热。以后的开枝散叶是我们所期望的,但无论能不能成功,我们都不会辜负学院和团队伙伴的期望,会再接再厉走下去。

主持人:一定会硕果累累,祝福你们。

专家点评

本项目针对冷链市场的痛点，用区块链技术来解决物流领域的现实问题，具有一定的创新性。

创业，首先意味着判断，所有的创业成功者，都有较高的判断能力。当然，对创业而言的首要判断就是创业项目的选择。创业最大的失败不是做砸了项目，而是花费无数心血去做了一个注定失败的产品。很多创业者犯了无数次这样的错误。

在创业实践的过程中，根据用户需求确定自身的价值定位是创业关键。创业这件事，就是满足用户需求，从基础性需求到期望型需求，如果你能尝试用颠覆性的方式重新定位你的产品品类，满足用户的核心需求，也就是从期望型需求升级为魅力型需求，可能你就开创了一个不错的事业。一般来说是先有顾客价值，才有了产品和服务的商业价值。基于顾客价值而形成的商业价值，最佳的状态就是实现的顾客价值超越了用户需求。

判断的核心包括产品价值分析和自我价值分析。

首先我们要分析的是产品本身有没有价值，这是做产品的前提。关于这一点，我们可以从以下角度去分析：

第一，产品要解决什么问题，即项目存在什么机会点。

第二，解决方案是什么，把产品的功能及发挥这些功能的逻辑讲通。

第三，用户及场景分析（可能有多个用户角色，每一个用户角色都需要分析）。

（1）用户需求。挖掘用户需求是第一位，若用户需求都不存在，也就没有下文了。以下几条是分析用户需求很重要的几个方面，缺一不可：需求描述——用户的需求是什么；是否刚需——用户需求是刚性需求，还是弹性需求；是否高频——用户使用频次如何，是低频还是高频；痛点是什么——现在的痛点是什么。

（2）现有解决方案。俗话说“存在即合理”，现有解决方案能经过市场验证并存活下来，必有其合理性，千万不要忽视。能对现有市场解决方案进行描述；如解决方案有多个，了解每个方案的产品市场占比是多少；每个解决方案有什么优缺点。

（3）我们的解决方案。设定我们的方案的使用场景，并阐述我们的方案的优缺点。还可以列出解决方案对比：跟现有市场解决方案对比，我们的方案有什么优势。一定要有足够的价值，要不然用户凭什么要放弃已有的已经习惯了的方案、付出学习使用代价来使用我们的产品。我们的方案是“锦上添花”还是“雪中送炭”？对用户来说，我们的解决方案到底有多大价值，若是锦上添花基本就没戏了，这是大企业延续性创新做的事，不是创业者能做的。只有做到雪中送炭，我们才有机会。

（4）业务风险点。做这个业务，可能会有很多风险，我们必须解决了这些风险点才能保证项目的顺利进行。

第四，难点及风险评估汇总。除了刚才提到的每个用户角色会遇到的风险点，创新项目本身解决方案也可能存在诸多难点。要单独提出来汇总思考，这些都是项目必须啃下的硬骨头。

第五，市场分析。我们要思考以下问题：

(1) 市场机会:市场到底存在什么机会点?

(2) 市场规模:市场规模有多大?大的市场竞争激烈,巨头也多。小的市场,你需要具有垄断优势。大市场和小市场的竞争策略又不同。若是市场实在太小,那就得考虑创业的意义了。

(3) 增长态势:这个市场是处于朝阳行业,快速增长,还是处于夕阳行业呢?夕阳行业就不要进入了。

(4) 市场格局思考:市场未来的发展趋势如何?最少三五年之内会怎样?看清市场格局,我们才知道前进的方向对不对。

(5) 进入时机:进入的时机如何?太早了可能成为“先烈”,太晚了又是“红海”。

(6) 竞争对手:竞争对手是衡量能不能进场的一个很重要的指标,而且对手一般都不止一个。产品定位及发展方向:竞争对手的定位和发展方向是什么?市场规模及融资情况:竞争对手市场占有率及融资情况。是否在其业务延长线上:我们的业务是否正好处在竞争对手的业务延长线上?人家只要想做随时都能做,这样的事我们最好就不要干了。

第六,商业模式。关于盈利模式,首先我们得搞清楚盈利模式是什么,不考虑盈利模式只看用户的年代已经过去了。关于成本核算,看清楚了盈利模式,最好认真仔细地核算一下成本,到底能挣多少钱。

除了产品价值分析,还需要分析一下自我价值:

第一,为什么这个项目适合我们做?我们能不能做得出来?首先得保证我们能做出这个产品,要充分考虑到难点。符不符合我们的能力特征。虽然这件事我们能做出来,但不符合我们能力特征的事还是最好不要干。就像腾讯这么厉害都不干搜索、电商了，要发挥自己的优势，千万别拿短板去硬碰。

第二，我们的竞争优势是什么？技术、资金、资源？

竞争优势这东西，有当然最好，很可能也没有。

第三，竞争壁垒是什么？技术、专利、资金、资源、市场占有率？

从项目路演来看，该项目很可能既要做系统还要做市场化教育，区块链的技术不错，但目前真正落地应用还是挺难的，哪怕只是一个行业，做好了还是非常有价值的。我们觉得还是要先系统地思考一下项目的价值点等要素，凝练出通过区块链给客户真正带来的价值在哪里。

支持学生创新创业，从一定程度上来说是缩短学生从校园走向社会的过程，是对学生自信心的培养和独立人格的塑造。

——张大鸣（5F创业园总经理，中国科大创新创业导师）

星眸生物：眼科疾病的基因治疗药物开发

视觉系统的信息输入，占到人全部外界感知信息的80%以上，对人的认知影响巨大。一旦发生视觉疾病，对人的生产生活会造成极大障碍。而致盲的眼科疾病中，遗传性眼病占很大比例，诸如视网膜色素变性(RP)、锥杆营养不良(ROCD)、Leber's先天性黑朦(LCA)等。遗传性眼病的发病进程较早较快，如LCA的发病一般早于6岁，RP的发病由于涉及基因不同，差异较大，但均早于40岁发病。更重要的是，所有遗传性眼科疾病当下的传统治疗手段均无法治疗或是缓解病程，会严重影响患者的生产生活。因此找到治疗此类疾病的方法，对于我国医疗卫生领域具有重大的推进意义。

为了治疗上述关键的眼科疾病，项目拟通过基因治疗手段挽救即将失明患者的视觉，采用当下国际科技研发前沿的基因治疗和基因编辑技术，对遗传性眼科疾病(如视网膜色素变性)及部分非遗传性眼科疾病(如年龄相关性黄斑变性)等进行积极干预，促进视觉恢复，延长其享受健全视觉功能的时间，保障国人的视觉健康。

核心团队

才　源

生命科学学院博士，附属第一医院博士后

程田林

朱　莹

创客故事

"黑夜给了我黑色的眼睛，我却用它来寻找光明"

"我慢慢地、慢慢地了解到，所谓父女母子一场，只不过意味着，你和他的缘分就是今生今世不断地在目送他的背影渐行渐远。你站立在小路的这一端，看着他逐渐消失在小路转弯的地方，而且，他用背影默默告诉你：不必追。"

《目送》里的这段叙述曾让无数读者泪目。然而，即便是"目送"如此简单又再寻常不过的举动，对于有些人来说，却是一种撕心裂肺的奢望。

2019年初,一位患有遗传性致盲疾病的妈妈告诉才源,自己这辈子最大的愿望,就是有一天,能目送自己的孩子背着书包去上小学。那一刻,才源心中有种说不出的滋味,他暗自下定决心:一定要把自己从事的“眼科疾病的基因治疗药物开发”事业做好,通过科技让中国人看得更久、看得更好!

问题、难题——发现两条重要的赛道

“眼睛是心灵的窗户”,可是,有些人因为各种原因却无法用眼睛来审视这个世界,于他们而言,世界永远是黑暗的、孤寂的。从2014年统计数据来看,我国失明人数已经超过500万,是世界上失明人口最多的国家,更糟糕的是,失明人口数量、失明速度都还在不断增加。

眼科疾病种类繁多,从眼睛前端的晶体到后端的视网膜,都会出现各种各样的疾病。作为中国科大生命科学学院从事相关研究的学生,对频繁发生的眼科疾病,才源是看在眼里,急在心里。他和他的团队在研究的过程中发现了两条比较重要的赛道。

一条赛道是“视网膜色素变性”。这种疾病发病早、发病急,而且涉及基因众多，视野会逐渐形成一个隧道状视野，逐渐向内收缩，直至最终完全失明。然而，对于视网膜色素变性最大的难题是缺乏有效的治疗手段。

另外一条赛道叫“年龄相关性黄斑变性”。它的视野与视网膜色素变性正好相反，是从中央到外周扩散，最终也会导致完全失明，在中老年人群中发病率极高。随着我国人口老龄化不断加剧，生病的人口不断增多。这种疾病虽然目前可以治疗，但存在明显的“行业痛点”：一个抗体需要反复多次注射，传统的是一个月到两个月注射一次，而且采用眼底注射的方式，大概5年后，这样的抗体药物注射就会逐渐失效。

一个难题、一个痛点，有办法将它们一一破解吗？能否找到更好的替代治疗方案？才源给出的答案是：能。这就是“眼科疾病的基因治疗药物开发”——治疗方案从物理端向化学端转移，从开放式手术转型到小分子的化学药物，甚至是大分子的抗体药物。

失望、希望——先把事情做起来再说

2020年10月，对于创业一年多的才源来说，无疑具有标志性的意义。历经多轮、数月的洽谈、对接，他担任法定代表人的公司终于获得了天使轮融资——一家医疗健康产业基金投资的3000万元。

对于众多初创企业而言，融资从来都是一个无法企及的梦想。才源团队是幸运的，也是幸福的。他们所在的企业2019年注册成立，在短短一年中就能获得一笔数量不菲的融资，毫无疑问项目是被认可与看好的。然而，找资金的过程也并非是一帆风顺的，幸运的背后凝结的是不懈的努力和付出，相伴相随的还有数十次的挫折与失败。

企业要生存，要“活下来”，首当其冲的就是资金问题，尤其是从事药物研究，周期长、风险高，要经历一个漫长的过程，更需要“烧钱”。

才源深谙其中的道理,所以企业一成立,融资就成为团队首要解决的问题。

天使轮的融资,并不是一件容易的事。经过认真筛选后,他们带着项目主动找投资方沟通,一次次充满希望而去,最终又一次次失望而归。一轮又一轮的洽谈,投资人都比较客气,有的一开始沟通得很好,进行反复确认,甚至都谈到一些合作细节问题了,后来还是未能如愿,留给才源团队的最后一句总是“我们再考虑考虑”,或是“你们的项目很好,但是我们的投资团队还不太成熟”。话语虽有不同,结局却是殊途同归,就是拒绝了。耗时又耗力的反复沟通、谈判,最后的结局却是“竹篮打水一场空”,团队的身心都被弄得很疲惫。

才源全程参加了每一次洽谈,他对项目有专业的理解,更对技术有充分的自信,他坚信自己的价值判断,相信一定会有人“慧眼识珠”。他的坚持得到了验证,判断获得了肯定。“在跟欧谱康沟通的时候,他们觉得可以投3000万元,但是占股比例要提升一点,我们觉得不管怎么样,先把事情做成吧!”才源说,生物医药研发周期很长,是一个很耗资金的事情,很多投资者不愿意陪跑5年、7年,甚至10年。如今好不容易找到一位“金主”,所以无论股权是多少,他们的脑海中就是一个念头:先把事情做起来,先把事情做好,股权的事情可以先搁置。

得到、失去——认知一直在不断转变

2015年,才源毕业于中国科学技术大学生命科学学院贝时璋生命科技科学英才班,纯属科学研究的渊源和目的,他涉足眼科遗传性疾病。3年后,他完成了专利和文章的体系,开始接触到大量的患者。也就是这个时候,他觉得攻关遗传性眼科疾病的基因治疗可以向产业化转型了,于是,2019年注册成立了公司,目标定位在专注于遗传性眼科疾病的基因治疗,立志成为立足中国、辐射全球的眼科基因治疗中心。

从科研工作者到企业管理者，从科研带头人到法定代表人，才源实现了人生角色的转变。在他看来，当决意做这个事情的时候，得失已经不那么重要了，因为“我愿意，我想做，就足够让我开心了”。创业以后，才源发现自己从定位到认知都在不断转变。一开始，创业动力源于科研、源于技术，源于对未知的探索与追求；渐渐地，他发现自己所做的一切绝不仅仅是为了发一篇文章、拿一个专利，而是应该走进医院、走进临床，走向广大被这种疾病所累的患者，让他们能看到光明，让他们的视觉有所改善，这才是最重要的。

触动才源内心、支撑才源在创业道路上砥砺前行的，还有那些患者

给予他的故事和力量。至今,才源都还清楚记得老师告诉他的一件事情:在一次眼科会议上,一位盲人乐者受邀参加,现场吹奏了一曲萨克斯《回家》。盲人乐者说:“我已经失明了,这辈子再也看不见了,但是,希望我今天的演奏能给你们带来快乐,我更希望你们能帮助那些即将失明的人,让他们还能看得见,永远看得见。”

盲人乐者的这番话深深感动着才源,也始终激励着才源。在创业过程中,才源不断收集着一些临床病例。这些患者的视觉在慢慢退化、消失,有的对生活开始失望、丧失信心。但是,当患者听说才源他们正在很努力地进行这方面的药物研究时,非常支持、配合他们的工作。这让才源觉得自己所从事的事业意义重大,因为解决的都是自己同胞的疾苦。“那些觉得自己可能5年之内就会失明的人,5年到了还能看见东西,对我来说是最大的意义,这也是我做科研攻关的目标,也是我做企业的一个方向。”

“黑夜给了我黑色的眼睛,我却用它来寻找光明。”作为中国科大附属第一医院(安徽省立医院)的博士后,才源立志用自己的智慧为那些患有眼科疾病的人带来光明,不仅要让他们看得见,还要让他们看得更久、看得更好!这是他的专业,是他的动力,更是他所说的使命。

项目价值

本项目聚焦眼科疾病的基因治疗药物开发,其核心目标人群聚焦于我国超过500万失明人口、每年新增约45万失明人口以及我国人口老龄化严重带来的近800万老年人视力残疾患者、每年新增约100万年龄相关性黄斑变性和糖尿病视网膜病变患者。

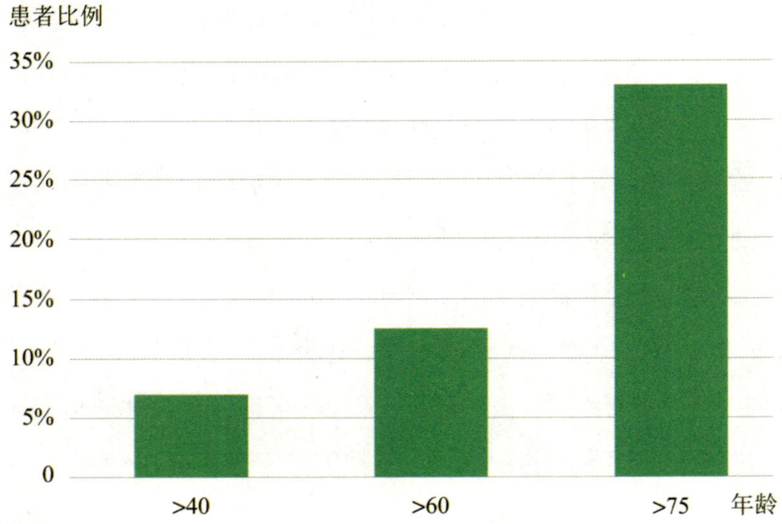

年龄相关性黄斑变性发病比例

面对视网膜色素变性等遗传性眼科疾病患者，本项目开发基因治疗药物，主要面向像RP患者、LCA患者等。

国际上已有的唯一一种眼科基因治疗药物——Luxturna，其适应症为眼科罕见遗传病的一种——2型雷柏氏先天性黑朦（Leber's congenital amaurosis II，LCA2），由于发病患者较为罕见，因此该药物在美国上市后定价在85万美元，折合成人民币超过500万元，中国人很难承担相关费用进行治疗。因此对于国内眼科疾病基因治疗开发，必须基于中国人群能承受得起相关费用。类似药物开发后，再经本土化发展，加之中国人口基数大、人力成本相对较低，这样能大幅度降低药物价格。

除了视网膜色素变性等遗传性眼科疾病，项目也针对当下中国人口老龄化严重带来的眼科问题做出努力。随着人类寿命的延长，视觉功能的寿命显得尤其不足，老年人视觉功能正出现严重的问题，年龄相关性黄斑变性（age-related macular degeneration，AMD）在40岁以上人群中高发，60岁以上人群中发病率超过十分之一，因此，AMD成为影响老年人视觉健康的关键疾病。针对AMD的抗体药物一直是各大医药巨头持续发力的关键,从雷珠单抗、贝伐单抗到康柏西普、阿柏西普的开发,抗体药物始终存在着持续作用时间有限的巨大问题,基因治疗正在成为解决这一困境的核心技术。

当下代表性的眼科抗体药物的生物大分子药物蔚然成风,而下一代解决此类疾病的换代产品就是基因治疗药物。据此同时,根据眼科发展的基本现状,项目以眼科为突破口,开始以眼科疾病尤其是以RP为代表的遗传性眼科疾病以及以AMD为代表的非遗传性眼科疾病为主要切入点,开发基因治疗药物。产品面向广大眼科疾病患者,以期使其视觉功能延长,让他们看到更多美好。

项目主要定位在早期眼科疾病基因治疗药物的开发,关键业务聚焦多种眼科疾病患者的筛查、管线的构建、临床前实验对药物的优化、临床试验验证药物的安全性和有效性,实施重前端开发、轻后端销售的业务开展方式。项目聚焦研发的业务,核心知识产权奠定了研发的独特性和专业性,立足于基因编辑、基因治疗相关技术,进行专利的再加工、再研发,使其应用于多种遗传性眼科疾病的治疗。同时,多年的眼科相关研发经验,保证了研发的专业性和技术手段的充分性,对于眼科疾病种类、眼科疾病模型、药物介入手段、递送系统选择、递送系统优化、检测手段丰富、检测层次递进等方面有着更多更深入的理解,有助于对研发有着精准的掌舵和细致的把控。

访谈心声

主持人:成立公司至今这一年的时间,你觉得自己哪方面的成长比较突出?

才源:我觉得与人交流、沟通的能力有了很大的提升,因为你要跟人家阐明自己在做些什么,项目卖点在哪里,投资价值在哪里,项目的哪个环节是最尖端、最吸引人的地方,需要在三五分钟内展示给别人,这是很锻炼人的。还有一点就是对于商业的理解有了一点点初步的认识,从原来一个在校学生,到现在慢慢往一个企业工作者不断转型。还有就是在商业运作方面学到一些知识,特别是一些创办企业领域里的知识。

主持人:作为初创企业,你们很快就拿到了第一笔的融资。我很好奇,你们前后洽谈了多少位投资人?花了多长时间?

才源:我们总共接触了十位左右吧,花了三个月时间。

主持人:这些投资人应该不是都集中在合肥本地吧?

才源:是的,有一些是他们过来,有一些是我们要跑一跑的。

主持人:为了能接触上他们,也要费一番周折吧?

才源:其实最初都是他们来主动找到我们团队的,沟通之后,对方觉得我们还没考虑好。寻找这些投资人倒还不是那么费工夫,因为很多人大概了解了这个项目之后,就主动联系我们,但是跟他们不断深入交流的过程,其实是一个很耗时、耗精力的过程。

主持人:跟他们接触过程当中,你觉得你自身具备什么样的优势和不足?

才源:我最大的优势是自己做科研出身,对专业具有较深的理解,甚至我很清楚这个行业最前端、最前沿的技术是哪些,什么样的技术是不成熟的,它是不是稍稍过时、低效甚至有所欠缺的技术,对于这些我有很准确的判断。劣势就是投资人在做投资的时候会考虑一些现实的问题,比如三年回报有多少,或者五年估值能提升多少。这是偏商业性的事情,我最开始的理解确实还有所欠缺,在不断交流、沟通中,我慢慢理解投资方的关注点在哪里,也有可能看到项目逐渐成长起来。后期再与投资人接触时,他们看到整个团队具有了一些商业性质,而不是原来刚刚走出校门的一批年轻创业者,现在是有一些商业价值、商业观念的初创团队,这也是更吸引投资人的地方吧,这也是我们不断成长的结果。

主持人:在你的项目路演过程中,你提到了样本量,我们很感兴趣的是,在你的研究中有使用到中国科学技术大学附属第一医院(安徽省立医院)所获取的样本量,大概数量是多少?

才源:我们在这里拿到的患者样本还不是很多,可能只有几十例,而且它涉及的基因突变的种类也比较多,所以要想真正地去做临床推进的话,我还要做大量的样本收集工作,可能在收集三五百例样品的情况下,才能真正更好地去进行对某个基因治疗环节的研究,所以说还需要做不少的工作。

主持人:我发现辅导老师提到为什么病患只锁定中国人?你当时回答的时候提到了国际社会同类型药物的成本问题,也就意味着你研发出来的产品可能会大大降低我们的医疗成本，那它是不是对于经济不发达国家的人群都有同样的效果？还是只限于中国的市场？

才源：是的，对于这些医疗欠发达的国家，肯定都会有一些帮助的，但是因为中国失明患者的比例在世界上是显著高于其他国家的，中国失明患者数量甚至多于很多北欧国家的总人数，所以这个市场是非常巨大的。当然我们也可以去辐射全球很多欠发达地区，但是在那之前，我们的产品将先服务于中国市场，先立足中国，做好中国人眼睛寿命、视觉功能寿命上的延长。

主持人：虽然降低了药品的成本，但是从质量、水准来说，在国际范围内是不是同样处于一流的水准？

才源：我相信我们的技术。虽然我们现在还没有生产出最终的药物产品，但是以我们目前技术的支撑，以及我们先进的研发体系等条件，最终生产出的药物的质量水平应该是领先世界的。

专家点评

从技术上来说，这个项目肯定具有先发优势，而且应该有非常大的潜力，从市场规模、引领能力方面肯定也没有问题。

针对该项目的股权方面，随着企业的发展，必然出现股东有进有出的情况，因此必然在分配上会产生种种利益冲突。同时在公司实际运作中，也肯定存在着许多隐名股东等特殊股权，这些不确定因素也加剧了公司运作的风险。当公司运作后，尤其是当各种内部矛盾凸现的时候，在矛盾中股东维护自身利益的依据就是股权比例和股东权利。在很多创业实践中，不少团队由于创立之初忽视股权比例的设计，最后在公司内部矛盾中陷于进退两难的境地，而这种局面也把公司推向风险损失的边缘。因此，合理的股权结构是公司稳定的基石。高科技创业由于技术的特殊性，无论是所有权、合作权和使用都存在着与其他资源的差异，因此更要对相关事项提前界定清楚，这会更有助于创业的成功。

比如，项目从一开始就和学校之间把知识产权的采样完成，从学校进入公司具有合法的流程，这个做法非常好。建议在此基础上，不断地研发出更多上下游关联的产品，然后用专利的方式确定下来，这样未来在竞争力方面会更有利一些，在资产的保护方面会更有利一些。

但是，该项目从股权架构的设计、股权架构的清晰、实际控制人的清晰，包括未来市场化方面，相对来说还要考虑更多一点。比如，通过合理的股权结构明晰股东之间的权、责、利，科学体现各股东之间对企业的贡献、利益和权利；未来融资时，确保创业团队对公司的控制权等。这个项目确定了未来进入资本市场的目标，上市审查时，也会考察股权结构是否是明晰、清楚、稳定的。

创业成功是小概率事件，但是在这个过程中对创业者能力、素质的提升是大概率的。

——宋红彪（安徽五十六钡教育科技公司总经理，中国科大创新创业导师）

国科骄辉：
轨道交通地质隐患巡检系统

GEOCT 骄辉科技 国科

近年来，随着我国经济的持续发展，城市化水平的不断提高，我国城市轨道交通建设取得了前所未有的发展。现阶段为提高施工效率，缩短工期，盾构法施工已在我国城市地铁建设中运用比例高达70%以上。然而由于城市地质环境复杂，轨道交通建设和运营阶段地面塌陷、孤石等原因，造成地质安全事故时有发生，给人民群众的生命和财产造成巨大的威胁，其引发的地质安全问题已成为全社会关注的热点。地质安全隐患已成为制约我国轨道交通安全、高效建设的主要因素，是一项亟待解决的工程难题。

本项目依托中国科学技术大学地球物理专业课题组研究团队多年的地球物理探测技术积累，以及在地铁探测领域的经验，研发出专门应用于多物理场的巡检系统，对隧道防患情况进行全面、快速、准确的评估，为预防和维护日常的管理提供科学指导。隧道侧壁布置并行电法、雷达、声波等测量系统以采集自然电场、人工电场、弹性波等数据，并通过大数据传送到远程服务器上，辅助人工智能系统完成数据的处理与分析，最终实现地铁轨道交通地质隐患远程在线实时动态监测与主动预警。

核心团队

岳明鑫

地球和空间科学学院博士后

杨晓冬

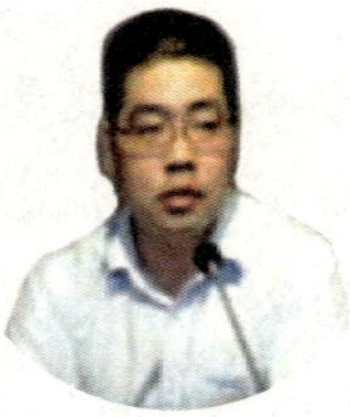

周官群

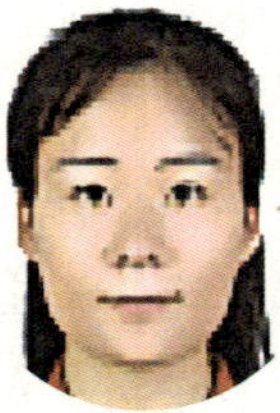

高　兰

创客故事

坚守大地深处,努力成为一个有价值的人

有这样一个人,他给飞机、舰船、卫星等移动平台装上"透视眼",让它们能够发现地表下几百米处的目标;他研制出探测地球深部的装备,可以像给地球做CT检查一样,勘探地下万米深处的矿藏。他就是享誉世界的地球物理学家黄大年。

"时代楷模"黄大年坚守大地深处的爱国初心,用品格力量标注生命高度的人生实践,深深打动、影响了一批年轻人。岳明鑫就是其中一位,作为中国科大地球物理学学科毕业的博士,他从本科开始就一直研究地球物理探测技术,选择创业的方向和内容也与此相关。对岳明鑫而言,他对黄大年事迹的感触则更为深刻。

思想碰撞,寻找新的应用场景

地铁似乎已经成为城市新一轮发展和实力比拼的"标配"。据2019年统计数据,我国已开通城市轨道交通的城市共有47个,轨道交通总里程突破6700千米。而且,在建城市、里程的数据还在不断刷新,预计到2020年年底,我国内地开通城市轨道交通的数量将达到44个,在建城市将达到60个。

作为地球物理探测技术的研究者,岳明鑫无时无刻不在关注着轨道交通的动态。他发现伴随地铁增长的,还有越来越多的轨道交通安全隐患,地铁施工时发生路面塌陷的事故正越来越频繁地出现在国内的各个城市。

2019年5月27日,青岛地铁4号线沙子口静沙区间施工段发生坍塌,造成施工工人不幸遇难。

2019年7月28日,徐州市轨道交通2号线一期工程彭城广场站至建国路站暗挖区间出现不明地质引起路面局部塌陷险情。

2019年8月1日,呼和浩特锡林南路呼市地铁2号线水诺区间,在联络通道开挖过程中,突然从底部涌水涌沙,地面监测有沉降迹象,最终形成约15平方米的塌陷面。

2019年8月28日,杭州市建国北路(体育场路—凤起路段)发生路面塌陷,原因是地铁联络通道施工发生渗漏水。

2019年12月1日,广州地铁十一号线沙河站在施工过程中发生地面坍塌。

…………

这只是岳明鑫在网上随手检索到的2019年的塌陷事故,这些年发生的事故数据远不止如此。其实,在此之前,岳明鑫一直在寻找地球物理应用的新场景、突破点，而不是仅仅用来找油、找矿，做深度的探测。

念念不忘，必有回响。一次偶然的机会，岳明鑫在日本做学术交流的时候，在一次大会上碰巧遇到在美国洛杉矶的课题组同事，两人进行了一次深谈，思想上进行碰撞，寻找新的突破点。在他们看来，城市地质隐患现在最主要存在两类：一类是孤石，也就是地理上讲的花岗岩，在修建过程中机械遇到此类岩石的话会被损坏，会大大影响施工效率；另一类就是溶洞，溶洞的出现会造成路面塌陷的发生。现有的方法主要基于传统地质钻探的方法，这种方法是在地铁修建过程中每隔几米或几十米打一个钻来验证地下地质的情况，这种方式费时费力，投资巨大，且破坏性也很大。

"所以我们就想，能不能用一种在医院给患者做体检一样的类似于CT或者超声波的方法，来给地球做CT或超声波，先做一个大致的检测，圈定某一些地质异常的重点区域，对这些重点区域再利用一些传统的方式，比如钻探的方式，这样就可以大大提高寻找异常区域的成功率，也可以提高勘探的效率。"岳明鑫的这一设想得到了同事的认同，两人一拍即合。

小心求证，认真盘算自己的"家底"

科学是严谨的，但离不开奇思妙想。地球物理新的应用场景终于找到了，岳明鑫多日的苦思冥想终于找到了突破口。然而，大胆设想，还得小心求证。岳明鑫开始带领团队结合所学，利用地球物理的探测技术，最终自主研发出多物理场的巡检系统，并先后在合肥地铁1号线、厦门地铁2号线中进行了实际应用。

系统开发出来了，并且在实际中开始了应用，一切都向预期的方向发展。产品化、市场化、公司化，这些自然是水到渠成的事情。2019年5月，岳明鑫成立了安徽国科骄辉科技有限公司，落户在合肥国家大学科技园。

企业要生存发展，就得有广阔的市场前景，有稳定的市场订单，有独特的市场优势。岳明鑫认真盘算了一下自己的“家底”:团队很牛——核心团队是依托于全国排名第一的中国科大地质物理地质探测团队;市场广阔——“十三五”期间,我国每年大概要完成500千米的轨道交通建设,投资在5000亿元左右,地铁前期的勘探费用占整个地铁施工费用的7%左右,每年勘探费用为350亿元左右,预计2022年我国城市轨道交通运营里程将突破一万千米;技术优势——自主研发的系统可以实现无损探测、四维实时监测,避免前期大规模的地质钻探,节约70%左右的勘探成本,而且速度快、施工效率高,可以大大缩短前期地铁施工的开发周期。

知己知彼,方能百战不殆。在中国科大的多年学习,让岳明鑫创业伊始就具有了国际化的视野。虽然企业刚起步,目标客户还在国内,但这并不妨碍他站在国际化的角度来看问题、找前景。他仔细分析了公司的竞争对手,发现国外有三家公司拥有类似的技术,美国的劳雷公司是全世界最大的地球物理仪器公司,还有澳大利亚的a-Geolnsruments、加拿大的Geonics。岳明鑫分析,这三家公司各有长处,也各有不足:劳雷公司只卖仪器,不涉及技术服务;其他两家公司做仪器,也做咨询服务,但是设备单一,数据处理成像软件缺乏,依赖于别人的成像软件。

对比之下,岳明鑫发现,自己企业最大的优势是软硬件体系自主集成,并且所有的成像软件都是团队自主研发的。但是也有弱势,部分精密仪器,比如雷达探头还是依赖于国外的进口。这点岳明鑫很清楚,但一时半刻也解决不了,只能暂时搁置在一边。

经过一系列的盘算、对比、分析之后,岳明鑫对企业的未来发展充满了信心。带着对未来的憧憬,也是为了在市场上得到锻炼与认可,他率队参加了安徽省第五届"互联网+"大学生创新创业大赛,获得了金奖。2019年12月,岳明鑫接到肥东县委组织部的邀请,参加了首届肥东青年创客大赛,在19支决赛队伍中脱颖而出,再次获得冠军,被评为"十佳创客创业项目"。

这次夺冠对岳明鑫来说既是"意外之喜",也"意义非凡"。赛后,岳明鑫接受肥东方面的邀请,把项目生产基地落户在了肥东。肥东投资了大约2000平方米的厂房给公司做设备制造。

团队、技术、公司、厂房……岳明鑫率领团队向市场大步"进军"。

守护安全,为人们美好生活保驾护航

如果没有2020年年初暴发的新冠肺炎疫情,2020年上半年岳明鑫或许会非常忙碌。突如其来的疫情一下子打乱了岳明鑫的计划与部署。原本热火朝天的地铁项目一下子全都停工,地铁标段不开通,意味着没有需求和订单,没有订单也就没有收入。

怎么办?摆在岳明鑫和他团队面前的似乎只有两个选择:一是等待,二是忍耐。岳明鑫却做出了另一个选择,他没有让自己闲下来,和团队一方面钻研自身的技术,一方面思索"除了地铁以外,还有没有新的应用场景"。只要有新的应用场景,没钱也干,既能利用技术创造社会效益,履行社会责任,同时也能在实践中不断锤炼完善自己的技术系统。这是岳明鑫朴素的想法。

2020年6月开始,先是安徽皖南局部地区遭遇特大暴雨,到了7月,安徽省长江干流、淮河干流均全线超警戒水位,巢湖更是超历史最高水位,三线告急。

难道我们的技术就不能为抗洪抢险提供一些支撑吗? 如果开发的技术系统不能为社会做贡献,要这系统有何用? 岳明鑫每天看着新闻,内心充满了焦虑。于是,他找团队成员进行了紧急磋商,最终达成共识:探测技术在大坝的监测上,应该也有一席之地。“利用这项技术做大坝的巡检,我们应该可以快速帮助抗洪抢险人员找到大坝有可能溃口的点,然后重点加固。”

当时,巢湖水位高位运行,有几处已经发生了溃口,政府不得不主动破圩,甚至有消防队员、乡镇干部因为救援群众献出了宝贵的生命。时间不等人。岳明鑫赶紧联系了肥西县政府和前线抗洪抢险指挥部,表示先义务做一段实验,如果有效果再接着做。因为是中国科大的创业团队,岳明鑫的请求很快得到了抗洪抢险指挥部的同意。他随即带领团队开展工作,在巢湖肥西段做了2千米左右的大坝深度监测,果然,找出了几个漏点,前线指挥部人员针对几个漏点深入检查,发现底下泥土、砂浆已经被侵蚀、松动,具有很大的隐患,果断采取了补救措施。初战告捷后,他们又一鼓作气,在巢湖沿线做了20千米堤坝的监测,为最终打赢巢湖保卫战提供了技术支撑。岳明鑫团队、技术均得到了抗洪抢险指挥部的高度认可。

经此一役,岳明鑫团队的思路更加明晰,视野也更加开阔。他们发现,这套地球物理探测技术,不仅可以应用在地铁的探测上,还可以应用到高铁建设以及城市地下管廊探测,还有大坝渗透监测、煤田安全监测,具有很多大应用空间与场景。他们相信,经过中国科大这些年的培养,他们的技术会日趋成熟,未来会更多助力社会安全,更好地为人们的美好生活保驾护航。

爱因斯坦曾说,不要希求做一个成功的人,要努力成为一个有价值的人。时至今日,岳明鑫还时常重温黄大年教授的事迹,领略黄大年教授的精神,从中汲取不断前行的源泉与力量。“我们希望通过三到五年的努力,在地质灾害领域成为独树一帜和具有较强竞争力的科技企业,为国家、为社会、为人民做出我们中国科大人应有的贡献!"

项目价值

目前,我国城市轨道交通建设已进入高峰发展时期,"十四五"期间还将上新台阶,城市轨道交通建设和运行管理过程中地质隐患排查任务重、工作量巨大。然而,缺少快速有效的隐患排查方法技术,已成为轨道交通建设和运行中隐患酿成安全事故的主要因素,亟待解决。

本项目团队利用地球物理的探测技术,自主研发了地面浅层地震扫描系统、多物理场勘探系统。开发的智能巡检车探测深度可以达到20米,分辨成功率达到80%;多物理场勘探系统探测深度可以达到100米,分辨率超过65%,并可以做到四维实时监测。项目产品为城市轨道交通地质隐患排查提供了一套快速有效的方法,具有广阔的应用前景,同时也为社会公共安全提供了保障。

地面浅层地震快速扫描系统采用滚轮式传感器信号接收系统,传感器便携且可拆卸,安装简单快捷;小偏移距系统以0.2米的小步距沿地震测线移动，增加覆盖次数，整体移动，工作效率大大提高；同时采用重锤激发地震波，可实现浅层20米内的地质异常探查，经数据处理成图，实现高精度城市道路浅层异常快速无损检测。该种方法适合地表塌陷的地下空洞、不密实带、脱空等探测的前期快速普查工作。

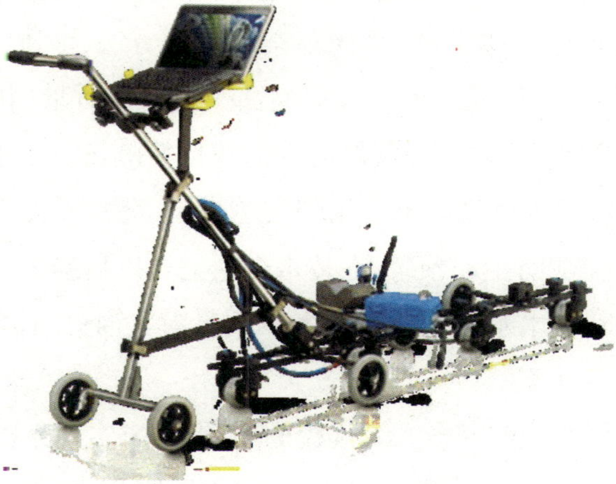

智能巡检车及系统

多地球物理场勘探系统基于自主研发的 FPGA 智能开发平台，结合浅层地震仪、高密度直流电法仪及瞬变电磁仪的采集原理，集成模数一体化高保真信号算法，定制分布式三场并行采集的基站和电磁激励分站，实现浅层地震、直流电法、瞬变电磁三场信号同步实时接收、激励、处理与分析系统，最终开发出浅层地震、直流电法、瞬变电磁一体化的多地球物理场勘探系统。

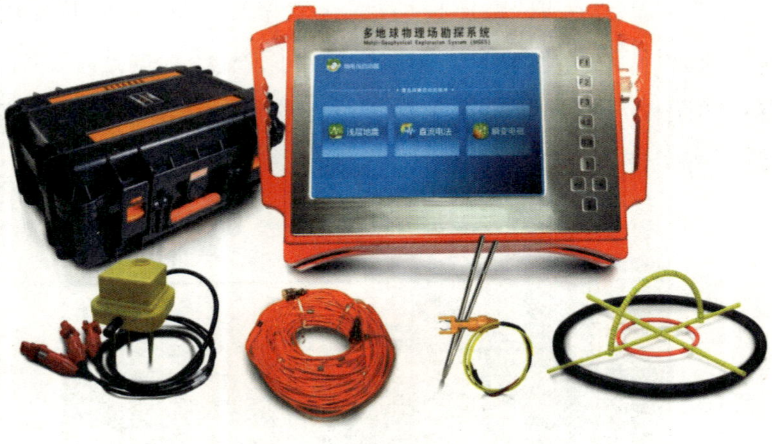

多地球物理场勘探系统

项目的技术优势及原创性:

(1) 采用“一种地铁隧道渗漏监测与预警系统及其方法”专利的双模网络并行电法采集系统,采用复杂的数学方法,滤除工频及其他干扰信号,可应用小电流及低电压完成地面一般仪器所采用的高电压及大电流才能做到的探测效果,可获取高质量的自然电场及人工电场数据。

(2) 将多物理场技术应用到隧道渗漏、突水等灾害的远程在线预警,实现动态监测与主动预警,在技术理论上得以创新。

(3) 其技术水平与同类技术相比具有实时性、连续性、多信息量、低费用等技术优点。

(4) 可避免前期投入大规模的地质钻探,实现无损探测。

项目依托中国科学技术大学地球物理课题组研究团队多年的地球物理探测技术积累,以及在地铁探测领域的经验,研发出的多物理场的巡检系统,能对隧道防患情况进行全面、快速、准确评估,为预防和日常的维护管理提供科学指导,最终实现地铁轨道交通地质隐患远程在线实时动态监测与主动预警。

访谈心声

主持人:为什么会选择这样一个项目作为主要的研究对象?

岳明鑫:这个项目一是结合了自己所学,因为我本身就是中国科大地球物理学学科毕业的博士,从本科到现在一直研究地球物理探测技术,做了十几年的工作,整个团队在这方面有很多的积累。我们以前所知道的地球物理总是用来找油、找矿、做深度的探测,好像离老百姓的生活很远,近几年由于煤炭、石油价格下跌,我们团队也一直在找新的应用场景、应用突破点。我们国家处在高速发展时期,城市基础设施在飞快发展,但是经常可以看到一些隐患带来的安全事故屡屡发生,所以我们就把原来的方法转到浅地表层的探测上来。

主持人:城市发展这一块也有很大的市场前景,并且和老百姓的美好生活是息息相关的。

岳明鑫:是的。

主持人:我们到医院做CT或者检查的时候,它有一定的误差率,你们这样的技术，可以让它的误差率保持在什么样的范围内？

岳明鑫：这套系统推出来以后，经过大量的实验室验证，包括工程案例的验证，在20米以内，成功率可以达到85%以上。

主持人：具体说是怎样的？能举个例子吗？

岳明鑫：我们现在是做前期的探测，在前期的地铁修建过程中，我们可以给地铁施工方提供前方多少米会有水、有溶洞等情况，它们会有针对性地处理，比如说能解决的就要钻探，有固石存在就定向爆破；如果解决不了，它会重新规划，把地铁线绕过去。

主持人：未来是否可以实现在地铁线建成之后的实时安全监测？

岳明鑫：可以，我们的探头都是多用的，轨道交通本身就是一个非常大的震动源，我们可以利用噪声成像的方法进行实时监测。

主持人：刚才您说了，这个技术，以前用于深井钻探，现在趋向于探测城市地表，是由深到浅，在项目执行或者研发过程中，有没有遇到一些难点或者痛点？

岳明鑫：困难有很多，现在我们做20米以内的浅部探测，关系人民生命、财产安全的东西，它的直径半径非常小，要求我们的成功率、探测分辨率都要达到非常高，对我们的技术，包括噪声的处理上、数据处理率上都提出非常高的要求，对我们三维或者四维成像的手段提出非常高的要求，这些都是很大的挑战。

主持人：后来如何去克服这些困难呢？

岳明鑫：我们团队经历两三年的时间来攻克难题，比如之前做勘探只需要大致知道它埋藏的范围就可以，现在我们要转向小尺度的探测。

主持人：要更精准。

岳明鑫：对，更精准化，我们在算法上做了大量的改进和突破，包括从美国回来的杨晓冬博士，为了研究这个算法，一个星期只睡了20个小时,他非常辛苦,我也非常感激他。

主持人:当这个难题克服了,心情是怎样的?

岳明鑫:非常开心,非常激动。我们以前很怀疑现有的技术手段虽然理论上行得通,但是能不能看得到。我们一直很怀疑数据采集上来以后,我们的现有算法,能不能分辨出来。当他的成像算法做完以后,看到了非常好的结果,当时我们整个团队都非常兴奋。

主持人:这项技术现在已经运用在城市的地铁建设中了。目前安徽省有多少个城市在使用这项技术?还是已经走出安徽,走向全国了?

岳明鑫:现在安徽合肥的地铁1号线和5号线都有不同标段在使用我们的技术,但是不可能整条线都用,因为我们前期的收费模式还是比较高的。现在通过对技术的不断介绍,已经推广到了杭州地铁、青岛地铁、南京地铁,这些城市地铁都有不同标段在使用我们的技术。

主持人:对于您来说,对这项技术应该是充满信心的,有没有预计未来会面临什么样的挑战?你将用什么方式克服、迎接这些挑战?

岳明鑫:我们这个行业还是一个相对保守和垄断的行业,并且我们这个行业的进入门槛也比较高,现在一般像我们勘察类的业务都是一些大的央企和国企在做,我们想要在这个行业站稳脚跟,最重要的是把自己的技术做好,得到行业内的认可,这样我们才能做进一步的推广。

专家点评

首先，这个项目的定位是一个非常“窄”的专业市场，英文是Niche Market，翻译成中文就是那些高度专门化的细分市场。Niche来源于法语，法国人信奉天主教，在建造房屋时，常常在外墙上凿出一个不大的神龛，以供放圣母玛利亚。它虽然小，但边界清晰，洞里乾坤，因而后来被引来形容大市场中的缝隙市场。在英语里，它还有一个意思，是悬崖上的石缝，人们在登山时，常常要借助这些微小的缝隙作为支点，一点点向上攀登。20世纪80年代，美国商学院的学者们开始将这一词引入市场营销领域。

菲利普·科特勒在《营销管理》中给缝隙下的定义为：缝隙是更窄地确定某些群体，这是一个小市场，并且它的需要没有被服务好，或者说“有获取利益的基础”。可以通过对市场的细分，企业集中力量于某个特定的目标市场，或严格针对一个细分市场，或重点经营一个产品和服务，创造出产品和服务优势。

这样的市场类型，往往具有以下特征：狭小的产品市场，宽广的地域市场；具有持续发展的潜力；市场过小、差异性较大，以至于强大的竞争者对该市场不屑一顾；这个行业还没有统治者。

针对这样的特殊市场，企业需要具备一定的特殊条件，如所具备的能力和资源与对这个市场提供优质的产品或服务相称；或者企业已在客户中建立了良好的品牌声誉，能够以此抵挡强大竞争者的入侵等。

针对该项目来说，这个团队的技术很成熟也很专业，但是要深入地挖掘客户。实际上，设计单位是前端，后面运行之后，地下情况是动态的，这些数据也不是一成不变的，即便是地下水流动都会发生变化。所以，要因地制宜、与时俱进，不断优化完善产品和服务。另外，商业模式的选择非常重要，到底是做服务还是做产品？做服务起来得快，所谓的快，就是在头一两年或者一到三年之内很快看到营业收入，但是很难把体量做大，因为团队的规模和实施能力之间是线性相关的，它不能发生指数级的变化。如果产品形成了品牌，具有优势了，它扩展的速度是非常快的，而团队的建设是一个缓慢的过程。所以在商业模式选取上要更加慎重一些。而一旦走到产业化的时候，就需要具备更宽的视野，拥有更多的“绝活”，包括产品的指标、型号，不仅是在国内做探测，要把范围扩大到全世界，到全球去做，把“绝活”做到极致。

创业是在创新过程中完成的。

——刘启斌(安徽云松投资管理公司总经理，中国科大创新创业导师)

智寰科技：

机器智能诊断与预测性维护

智寰科技
ZHI HUAN TECHNOLOGY

安徽智寰科技有限公司成立于2019年3月，由中国科学技术大学博士团队创立，致力于应用人工智能、物联网、大数据等先进技术为工业客户提供数字化、智能化一站式解决方案。通过先进机理算法与AI智能算法的融合建模，多维度洞察数据价值，实现数据信息知识的精准挖掘，帮助提升工业客户运营决策效率，降低运营成本，助力客户实现数字化智能化转型升级。

智寰科技以工业生产的核心装备——机器全生命周期健康状态为中心，通过接入声音、温度、振动、转速等多维数据，以及边缘智能与云端智能协同机制，实现机器状态的智能预警、智能诊断、预测性维护，大幅降低客户使用机理算法、AI智能算法与预测性分析技术的门槛，大幅提升机器管控数字化与智能化水平，让企业专注于生产经营。

智寰科技主营业务聚焦智能传感、智能网关、机器机理算法、AI智能算法、预测性分析、大数据等先进技术与智能软硬件产品与解决方案的研发与应用推广，践行为工业客户创造切实可验证价值的初衷。

核心团队

翟中平

工程科学学院博士生

刘　方

张海滨

李龙云

黄泽翾

STORY 创客故事

从就业到创业,没有想象中的那么简单

2012年11月,易观国际董事长兼首席执行官于扬在第五届移动互联网博览会上,首次提出"互联网+"理念。2015年3月5日,政府工作报告中首次提出"互联网+"行动计划。2015年7月4日,国务院印发《关于积极推进"互联网+"行动的指导意见》。从此,"互联网+"概念"飞入寻常百姓家",成为中国经济社会发展的新理念、新引擎。

和诸多年轻人一样,翟中平时刻关注着时代的变化与需求。作为中国科学技术大学工程科学学院精密机械与精密仪器的毕业生,他敏锐地觉察到:工业互联网将是中国工业变革的主方向、主战场,新的历史发展的春天来临了。

自主创业的最大底气

和众多毕业即创业的中国科大学生相比,翟中平的创业历程显得有点"特别"。2012年硕士毕业之后,他首先选择了就业,先是到外地做了2年的工艺发电机研发,然后回到合肥从事传感器加实时电子监测系统工作,加在一起有接近8年的工作经验。其间,他负责过技术分析、市场开拓、智能研发等,接触了不同的行业,也遇到了各个领域的人。8年的人生经历给他打开了一扇扇的"窗户",倒逼他对职业规划、对人生成长都有了更多思考。

2019年,对翟中平来说是一个契机,也是一次华丽的转身。这一年,翟中平又回到中国科大校园攻读博士,读博期间,他遇到了志同道合的同学、师弟。同学和师弟都是一直从事算法研究,三人有很多共同语言,经常在一起探讨、交流。经过深思熟虑之后,他向原单位递交了辞职报

告，当年3月，和同学一起成立了安徽智寰科技有限公司，致力于应用人工智能、物联网、大数据等先进技术，为工业客户提供数字化智能化一站式解决方案，通过先进机理算法与AI智能算法的融合建模，多维度洞察数据价值，实现数据信息知识的精准挖掘，帮助提升工业客户运营决策效率，降低运营成本，助力客户实现数字化智能化转型升级。

2019年4月1日，公司正式运营。让人感到惊奇的是，短短11天之后，公司就完成了数百万元的种子轮融资。6月24日，公司签定了第一份合同；7月12日，第二份合同落地；8月15日，第三份合同又来了……这些让绝大部分初创企业羡慕嫉妒且无比奢望的事情，翟中平却在短短的时间内"三级跳"，实现了梦想的超越。

机会总是留给有准备的人。"奇迹"的背后其实是对行业的洞察，是企业实力的展现，是团队的协作；"光环"的背后，更多凝聚的是翟中平多年的积累与付出，挑战自我的勇气和智慧。这些或许正是翟中平自主创业的最大底气所在。

找到行业的诸多痛点

无论是工业互联网行动计划，还是智能制造国家战略，背后隐藏的都是数字化和智能化对传统工厂的改造和升级。智寰科技有限公司主攻的是"机器智能诊断预测与维护"。

设备是不是健康？设备会不会出现一些小故障没有被及时发现进而演变成重大事故？定期预防性维护，比如说半年或一年体检一次，会不会带来设备过修或失修的风险？对于连续生产的工业企业来说，这些都是行业的痛点。"我们在开会、休息的同时，连续生产的企业设备还在运转、在工作，其实我们不知道它是不是健康的、它是不是带病运行的。因为不知道设备的状态，就有可能带来安全事故。"在翟中平看来，解决设备的健康问题、故障问题，其实跟人是非常类似的，人生病了要去医院看病、治疗，但是相比治疗而言，预防生病更为重要。感冒发烧去医院说明已经生病了，我们需要做的是更早地发现或者在更早的阶段去介入，把大的疾病在很小的阶段就加以阻断。

工业互联网是智能制造国家战略

设备“不吃不喝”,持续运行,节假日无休,尤其是工业设备,如化工行业、钢铁行业,都是流程型的,生产设备的数量非常多,怎么办?为了预防突发性事故,只能安排大量的人工巡检,效率较低,而且成本较高。设备坏了之后又怎么办?第一时间要抢修,可是既耗时又耗力。这些都是摆在翟中平面前需要找到解决方案的命题。

设备预防性维护方案性能表现很大程度上取决于两个关键要素:数据采集——帮助有效理解机器行为;应用算法——创建和优化学习模型,并准确做出判断。找到了工业设备管理模式上的痛点,翟中平决定“对症下药”:“我们要实时采集设备运维模式,实时发现它是不是真的有早期故障的迹象,这叫预测性。就是它还没有发生故障,没有明显征兆的时候就发现它,开始介入。”

得益于在学校的产学研积累,也得益于这些年的工作经验,再加上团队在人工智能算法和研发上的优势,翟中平团队积累了很多的相关案例,拥有了自己的核心技术与产品。2020年8月,公司与多家客户成功签约,核心产品实现了量产,开始应用到多个行业和领域。

面临的挑战还有不少

从创立之初的3人团队，到如今15人的科技企业；从实现数百万元种子轮融资到手握300万元的订单；短短一年多的时间，翟中平率领团队取得了骄人的战绩。尽管如此，翟中平依然将企业定位为创业的"新兵"，需要时刻思考和面临诸多的挑战。

作为中国科大人，翟中平骨子里充满了自信，也正是因为这份自信，让他对自我的要求更高。而之前8年的工作经历，翟中平从事的工作都是偏创新型——新行业的拓展、新产品的研发，于是，他希望创业后不循规蹈矩、"人云亦云"，通过探索与实践，真正做到"人无我有"，甚至独辟蹊径，为这个行业带来一股"清流"。

知易行难。摆在翟中平面前的挑战，首当其冲的不是核心技术与产品，而是市场以及团队建设和管理。市场端到底怎么去打造？是"漫天撒网，重点捕鱼"式地向各个行业进军，还是将业务范围收缩，集中"优势兵力"全情聚焦在两三个行业？这些现实的选择，需要翟中平去抉择。相比市场的拓展，理工科出身的翟中平对团队管理和团队建设似乎更为"头疼"。要想实现既定的营业额目标，支撑企业可持续、高质量前行，就必须有一支配备合理、工作高效的团队。"不是说我们投入更多的资源，就能做得很好。我需要投入更多的精力，跟不同的候选人去聊，聊公司的愿景，也要考虑候选人本身的诉求。我希望把合适的人放在合适的岗位上，可是，招合适的人本身就是一个挑战。"翟中平坦言，这是公司现阶段关注的重点，也是一个难点。

虽然有挑战，但是翟中平心中无惧。中国科大的多年求学、社会的多年经历，让他深刻懂得"世上无难事，只怕有心人"的道理。"天下事有难易乎？为之，则难者亦易矣；不为，则易者亦难矣。"在翟中平的心中，唯有迎难而上，事情才会迎刃而解。

这是他生活的态度与哲学。

肩负起了一份使命

2020年3月,中央召开会议提出加快5G网络、数据中心等新型基础设施建设进度。翟中平留意到,工业互联网是"新基建"七大领域之一,这在坚定他对公司未来方向和信心的同时,也让他感到自己肩负起了一份神圣的使命:赋能整个设备产业数字化、智能化的升级。

翟中平硕士毕业后,就一直致力于工业互联网、智能制造、工业设备智能运维产品与解决方案的产品研发与市场推广。工作期间,他耳闻目睹了工业制造业落后的状况,发现了制造业落后的短板,他希望凭借自己的力量对这个行业有所改变、有所建树。这是他的专业,也是他的专注所在。

作为中国科大的博士团队,在社会上找一份光鲜亮丽,而且收入不菲的工作,对于翟中平他们来说根本不是件难事。之所以选择自主创业,更多的是想挑战自己,更多的是希望学以致用,通过技术赋能帮助传统工业升级,把效率提高上去,服务越来越多的客户,把能量、经历转成对社会有价值的产品和服务。"我们还真是抱着一点使命,能够把我们的梦想落地,真正在制造业从大到强的过程中,有我们科大人的角色,有科大人的痕迹在。"

言语之中，翟中平流露出的已经不仅仅是一份企业的追求、一份事业的热爱，更是一份中国科大人的情怀！

项目价值

制造业是实体经济的主体，在中国经济和世界经济中都发挥着关键作用，随着我国老龄化进程加快，劳动力成本不断上升，必须要找到新的发展路径。2018年12月，中央政治局召开会议研究部署推进制造业高质量发展，并将其作为2019年的重要任务之一。会议明确提出，推进制造业高质量发展，需要实现要素驱动向创新驱动的根本转变，坚持抓传统产业升级改造，制造业中传统产业占比超过80%，改造提升传统产业具有巨大潜力和市场空间。

机器是制造业实体心脏，机器的稳定、可靠、长周期运行是保障生产、推进制造业高质量发展的内在要求。目前传统制造业机器运行维护，大多数企业主要采用故障后维修、预防性维修等管理模式，日常运行管理通过人员点巡检发现机器运行故障，由于受肉眼可见、感知能力的局限，人工一般在故障晚期才能发现。不仅对于点巡检人员有危险，故障停机后，维修和等待备件都需要时间，尤其对于稀缺、金额高的关键备件，还需要临时加急采购，采购成本增大，最重要的是采购周期不可控，造成生产长时间停产。

为了避免机器故障停机，企业需要配置较多的点巡检人员，增加巡检频次，导致人工成本高企，同时机器运行环境相对恶劣，危险因素突出，可能带来额外的安全风险。开展该项目就是要通过领先的技术，改变工业机器运维落后的现状，助力中国工业制造业实现机器运维管理数字化智能化转型升级，提升机器运维效率，显著缩减成本，进而提高企业市场竞争力，最终实现智能制造。

通过AI智能算法、工业物联网、云计算及大数据技术，实现机器状态智能诊断，开展远程预测性运维，可极大降低非计划停机影响，减少机器运维成本,提升工业机器长期可靠性和机器运管水平,提高企业生产效率,助力企业实现数字化和智能化转型升级。

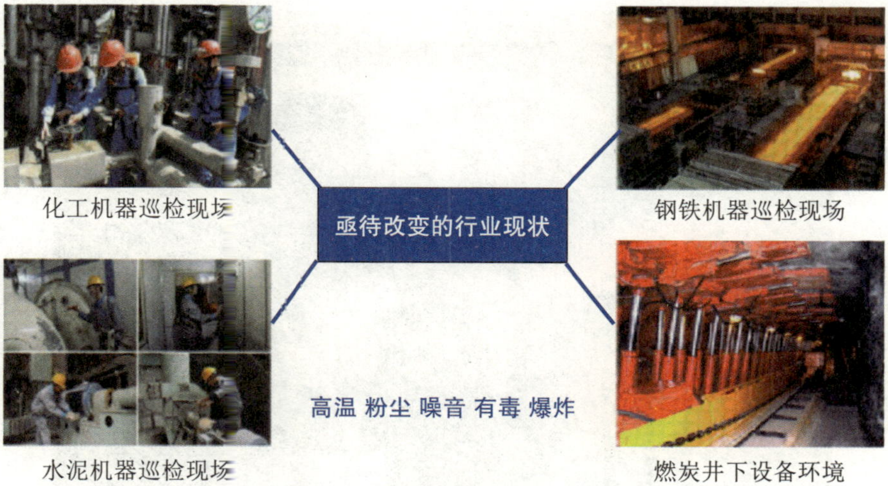

亟待解决的现状

项目主要有三大创新点:

一是根据机器预测性维护应用场景,对于物联网平台底层架构进行性能优化和功能重构,能够实现工业现场应用操作的毫秒级响应(相比现有传统监测分析系统性能提升10倍以上)。

二是基于新的业务架构设计,可以实现云端与边缘端的协同,10倍级提升工业客户现场系统部署的效率,极大提升客户体验。

三是将传统分析工具进行可视化升级,提升分析工具的易用性以及体验和分析效率。

机器智能诊断与预测性维护项目所属细分领域有机器在线监测与故障诊断,设备在线监测和故障诊断,设备状态监测,机器智能诊断,机器预测性维护。公司主营业务围绕工厂核心生产机器,具有广泛的行业普适性,适用于各主流工业行业,如造纸、矿山、火电、风电、钢铁、化工、煤化工、水泥、港口、轨道交通等资产密集型行业,同时也适用于电机、风机、齿轮箱、泵、压缩机等通用生产机器,遍布全国的机器OEM生产商都属于潜在客户。

访谈心声

主持人：与其他企业的校友不同，你是有过工作经验之后，有过职场的打拼之后，再回到校园边读书边创业。有没有想过，这样的经历跟其他的创业新军或者创业小白比起来，自己的长处或者局限是什么？

翟中平：我在8年的工作经历里面，做过技术岗位，做过市场岗位，也做过相关的研发岗位，每个岗位都对自己有所锻炼，并且我也对自己有过很多的思考，所以在创业团队早期的商业模式、团队组建、市场拓展、技术研发上，应该说是有一定积累的。而且因为之前工作经历里的有些公司也是属于偏创业型公司，所以创业公司遇到的一些问题，之前也有过一些解决的经验，所以也知道怎么去处理。

主持人：比如说哪些问题？

翟中平：比如说对于市场的拓展，对于整个产品研发的流程、市场需求的把握，我们自己经过很多的思考。目前我们团队做的一些产品和技术其实都是我们曾经的工作内容，能够给我们很多的反馈，这让我们在前期避免走很多的弯路。跟创业新军相比，我们在成长时间上，应该会有一定的优势，整个团队从成立到拿到订单，其实也就是一年左右的时间,在很多方面已经有了一定的基础。我们在融资历程上也比较顺利,短期内也不会再为资金发愁太多。我们更多想的是对技术核心竞争力的打造,同时也不会放弃市场。在市场上肯定会有相应业绩增长的压力,这是我们现在面临的阶段。于我而言,回到学校读书,希望在新的技术领域,跟国家大的战略能有更多的结合,在技术上把握最前沿的技术动向。

主持人:跟其他创业项目真正的像新芽一样的创业项目比,你已经像是一棵树苗了,已经在这个赛道上奔跑了。我感受到你非常专注聚焦在产品销售,在销售之外,你所处的角色需要更多考虑的问题是什么?

翟中平:我现在可能重点关注的是新行业,当然也关注市场的拓展、销售端的突破。我们的项目本身是有一定的技术壁垒的,如果有外行团队想要介入这个行业,他至少需要一年,或者更长的时间才能达到我们目前的阶段。但是我们觉得这可能还不够,我们还要去创造更复合的竞争优势,打造更高的壁垒,我相信我们团队有实力,把我们的壁垒打造得越来越高。并且我们目前的技术优势,跟同行相比至少是不落后的,未来我们肯定要走在前面,我们希望在研发端投入更多的精力、资源,把我们的"护城河"筑得更高一些。

主持人:刚才听到你的介绍,团队现在和很多行业都在接触,但是,目前你们团队人手有限,精力分配自然受到局限,企业发展会在行业拓展上进行一定的收缩,聚焦几个行业吗?

翟中平:我们是希望做透某两三个行业,然后在其他的一些聚焦的行业上也能投入更多的资源。其实这样的战略是没错的,并且我自己也认同这样的观点。但是对自己来说,因为我不确定短期内这两三个行业会不会一定带来高额的回报,所以我还是会选择更多的行业、更多的方向上去做一些尝试,我们愿意付出这样的试错成本。

主持人:你对创业的起步阶段有什么心得?

翟中平:我自己的理解是起步阶段还是要多去尝试。

主持人:你起步阶段规划的时间轴有多长?

翟中平:我觉得可能要半年到一年的时间。

主持人：半年或者一年你觉得够了吗？

翟中平：甚至更长的时间，因为我们如果半年一年摸索不出来值得我们聚焦的行业，那我们可能就要延长这个时间轴，这是我目前的想法，也可能是我们后期的探索途径吧。

主持人：你已经在考虑企业文化建设了吗？

翟中平：考虑过一点。

主持人：但是付诸行动的尺度还不够，大家还是像战士一样冲锋陷阵，没有坐下来谋篇布局。

翟中平：是的。

主持人：早点启动企业文化建设，会不会对公司未来发展有利？

翟中平：的确是，我们希望把合适的人放在合适的岗位上，其实这也是我一直思考的问题。靠一个人的精力去冲锋陷阵，不可能支撑我们的愿景。我们希望在团队的建设上能够更开放一些，会吸纳来自不同教育背景的人才，科大学子是更擅长技术的，我们可以吸收其他专业方向，比如营销管理、市场管理、文化建设，更擅长这些方面的人才加入到团队里，然后大家发挥自己的专长。其实我考虑到这个发展计划了，但是实际的落地计划还没有那么周全。

主持人：严格意义上，你这个项目已经不算是“新苗”了，你认同吗？你觉得你的项目属于什么阶段？

翟中平：这只是一个相对的概念，我个人觉得我们还属于创业的新兵，我们在很多方向还需要有更多的积累和磨炼，才能走得更加稳健。

主持人：为什么在工作8年之后还来选择创业？是希望依靠自己和团队努力为国家发展作出贡献，实现社会价值？

翟中平：是的。如果仅仅是为了个人价值的变现，我们就不会出来创业了。我的理解是，个人价值只是一方面，我们的个人价值是要通过社会价值来实现的。在这个过程中，我们相信会有相应的回报。但是这个回报不是我们第一位追求的，我们是希望能发挥所学、所长，为推动行业升级、社会变革贡献出我们的一份力量。

专家点评

当前工业互联网、物联网是一个风口，现在介入确实是非常好的时间点，是一个很好的时机。

该项目切入的目标市场是生产服务市场，这个市场具有以下特点：

(1) 高知识化。在生产服务市场上，购买者需要的是知识服务。这就是说，在生产服务市场上，不仅买卖双方必须具有高层次的科学文化知识，而且作为技术或知识服务的承担者也必须具有高层次的科学文化知识。

(2) 高稳定性。在现代科学技术条件下，尽管社会生产力水平提高较快，社会分工越来越细，但是，这并不是说天天都在变动，总要保持相对的稳定。这样，在一定的条件下，企业对于必要的生产服务项目是不会变更的。企业对市场需求的稳定性，要求生产服务市场所提供的劳务和知识服务，也必须保持相对的稳定，必须能满足企业的需要。

(3) 高依附性。生产服务市场对生产企业存在依附性，物质产品生产者和知识产品生产者之间也存在着依附性，两者之间互相依附。

(4) 高超前性。要满足社会生产各部门对生产服务的需求，就必须对社会生产各部门的需求进行科学的预测。要为生产企业提供知识服务，就必须对承担知识服务的劳动者进行提前培训。不仅如此，有些为实现知识服务的基础设施，也必须提前建立起来。

依据以上特点，本项目的创业者们需要思考的是，企业初创面临的问题有哪些？如何构建企业的门槛和优势？创业本身就是选择和判断的过程，每一个细分的行业都会有行业本身的认知过程，行业必须选择，强迫自己选择，必须把资源倾压到一个点才能打透，才能成为这个行业的标杆，企业才能获得超额利润。没有选择判断就不是一个创业的过程。特别需要提醒的是，企业在创业阶段不是去挣钱，而是打造核心竞争力，你至少用3~5年的时间打造核心竞争力。相比一些订单而言，企业的核心竞争力才是根本。不仅要有竞争优势，作为创始人，你更要思考的是：如何持续地构建企业的竞争优势，只有这样，企业才能走得更高，走得更远。

创新创业教育，就是让学生能在科学研究、日常工作和创业过程中，随时随地运用创新思维，迸发与众不同的创意和解决方案，手脑并用，把创意变成成功的创业项目。

——丁斌（中国科学技术大学管理学院副教授，中国科大创新创业导师）

秉遗穗：
基于物联网的全自动餐厨垃圾资源化处理设备

随着经济社会的快速发展，我国餐厨垃圾的增长呈现扩大趋势。产生的如此量大的餐厨垃圾如果不能得到有效处理，会对生活环境、生态环境造成不利影响。除了比较常见的对土壤、水体造成富营养化污染外，近年来，餐厨垃圾的不当处置造成了较多的生物性污染。本项目开发的智能物联的三相分离器，提出自适应破碎与三相分离装置，将集成自动垃圾提升、破碎挤压、三相分离、数据定量等功能，可根据用户需求调整功能模块及垃圾处理量，实现餐厨垃圾源头集中处理，通过物联网数据分析技术避免垃圾回流餐桌，节省运输成本。

核心团队

张　诗

管理学院硕士生

王驭陌

张倩萍

盖　伟

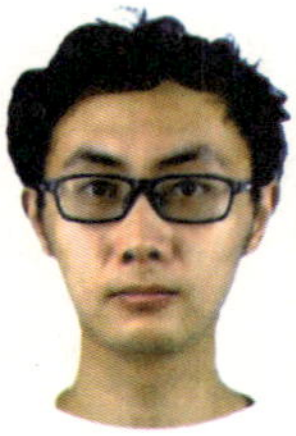

孙孟超

创客故事

虽然易被模仿,但我们的目标是永不被超越

民以食为天,厨余处理各国有妙招

如果你买了今年冬天的第一杯珍珠奶茶,这时恰巧又上了体重秤,发现数字爆表,突然不想喝奶茶了,接下来该怎么办?

如果是在上海,接下来你需要分四步走:

第一步,去下水道,把奶茶汁撇干净;

第二步,把"珍珠"倒进"湿垃圾桶";

第三步,把塑料杯子和盖子扔到"干垃圾桶";

第四步,把没用过的纸吸管、纸杯托和打包纸袋扔到"可回收垃圾桶"。

好了,不买了,不喝了,谁非请我喝一定喝得干干净净,喝到只需要扔一次干垃圾!

2019年夏天,上海在全国率先实施严格的垃圾分类规定。当你提一袋垃圾走向垃圾站,值班的居委会大妈都会发出灵魂拷问:"你是什么垃圾?"

干垃圾、湿垃圾、有害垃圾、可回收垃圾,仅仅四大类,已让国人懵圈,一时间网上各种段子乱飞。

在这四大分类中,湿垃圾的比重很大,因为厨余基本属于湿垃圾。

中国是个"民以食为天"的国度,吃是我们的文化中很重要的一部分。吃之前的准备工作很费事,吃完后的厨余处理更费神。

其实不仅是中国,在垃圾分类最严格的日本,可燃垃圾分类中厨余也占了近40%。日本很多家庭自购厨余垃圾处理机器,又称垃圾减量机,主要分为分解型和干燥型。分解型利用微生物将厨余垃圾进行分

解，干燥型通过电动方式将厨余垃圾干燥、去除水分，减少容量。无论哪种，都是为了让厨余垃圾减量。

在注重环保的德国，厨余食用油属于剩余垃圾，严禁倒入下水道，因为会污染水源，油脂遇冷凝固后还会堵塞。厨余食用油必须倒入玻璃瓶密封，再放入剩余垃圾桶。如果想开餐馆，必须先到环保部门报备，在下水道安装油污过滤系统，由专业公司定期收废油，再对废油实施无害化集中处理——一般都会制作成生物柴油，变废为宝，循环再利用。

最有意思的要数澳大利亚，为消灭厨房垃圾，很多人在自家建起"蠕虫农场"，请蚯蚓来帮忙。一个个装着蚯蚓的处理垃圾桶，大的放后院，小的在厨房。平时吃完饭、切完菜，食物残渣直接倒桶里。蚯蚓消耗食物残渣过程中排放的液体，作为液态肥料浇灌花园；过段时间食物残渣会变成松散肥沃的渣子，这是蚯蚓粪便，也是非常好的花园堆肥。

世界各国，都在想方设法处理大量厨余垃圾。保护环境，是人类共同的义务和责任。

细节的点滴突破,是行业的整体创新

仅在二三十年前,“饥饿”还与中国人的生活息息相关。一些偏远地区,人们食物结构简单,粮食依旧匮乏。近二十年中国经济高速发展,加上电商和物流业的发达,真正实现了“舌尖上的中国”。我们既要感恩各地美食带来的享受,也要拒绝“舌尖上的浪费”。据统计,中国消费者每年餐饮浪费的食物蛋白和脂肪,分别达800万吨和300万吨,等于倒掉了约2亿人一年的口粮。“光盘行动”,必须从我做起。

另一方面,厨余垃圾的产生量也在逐年攀升,2019年高达1.12亿吨。厨余处理是专业领域,以上海为例,厨余处理率尚不足50%,随着各地垃圾分类政策的逐步落实,厨余垃圾处理的市场空间越来越广阔。

张诗和她的团队为本次“新苗计划”活动带来的路演主题是《以科技为渠道,让餐厨垃圾变废为宝》。

他们调研发现,大部分餐饮企业的厨余垃圾,都在后堂堆放一天,到晚上由垃圾车回收带走。大量的厨余造成后堂异味、油渣滴漏、腐质变坏、吸引蚊虫鼠蚁等一系列问题。

传统的厨余垃圾处理方式分为三种:焚烧、填埋、堆肥,都会造成一定程度的环境污染。虽然国家推进厨余垃圾处理工程,但投资大、占地广,不是个体企事业单位可承担的。

他们提供的解决方案是推出一款全自动餐厨垃圾资源化处理设备,针对我国厨余高油、高盐、高碳氮比等特点,实现全自动处理,将厨余转化为有机肥、生物基燃料等可再用资源。

这次参加“新苗计划”的项目,有些还在实验室理论阶段,有些刚做出样品等待与市场磨合,而张诗团队带来的却是相对成熟的产品,你甚至可以想象它安装在厨房后堂里的应用场景。

张诗坦言,市场上有同类设备,但他们有核心技术的创新,首次提出自适应破碎的概念,设计出具有自主知识产权的自适应破碎机构。简单点说，这台机器可以自动适应不同硬度的破碎对象，不论是米粒还是碎骨，都能很好破碎。这样既能有效避免磨损设备，延长设备使用寿命；此外，他们还实现了对破碎颗粒大小调节的创新。

三相分离后，有些厨余要做厌氧消化，他们为此创新培育了复合菌种，让降解种类更全面，厨余处理效率提高了30%以上。

这台设备还有一项核心技术，是物联网模块，能实现在对餐厨垃圾进行源头收集后，用物联网数据加以分析；并在不同设备间共享参数，提前判断和干预隐患。

硬件、软件都做了提升，在竞品市场又做到价格很低，在整个市场就非常有竞争力了。他们瞄准的客户是大中型餐饮企业和企事业单位食堂，未来还打算开拓居民市场。

如何快速打进一个已经起步的市场，他们的方法论是：真正研究客户心理，从客户需求出发。他们不仅销售设备，还有租赁设备，每台设备年租金6000元，还有上门回收废油废料的售后，对很多"想试一试"的客户来说，这些很有吸引力了。

张诗和她的团队虽不是一个全新领域的开荒者，但整体项目的商业性非常好。商业中有个兵法：小步快跑，迅速迭代。点点滴滴细节上的突破，可能带来的就是整个行业的创新。

文理兼备金融硕士，跨界融合更加精彩

张诗是中国科大2019级金融专业硕士，今年刚读研二。一个金融女硕士生，为什么会主导一个厨余垃圾处理的精密仪器制造项目呢？

翻开她的履历：曾赴加拿大进行学期交换；2017~2018年参与国家级大学生创业训练项目，成功设计过一款学习应用APP；曾获得发明专利，发明的是"一种用于存放金融票据的存放柜"；曾参加美国大学生数学建模竞赛、全国大学生数学竞赛等并获得多项荣誉，并被评为创新创业先进个人；曾在知名券商、会计师事务所实习，有相应的社会经验……

在跨度如此之大的履历中,“创新”二字一直是关键词,也就不惊奇了。大概优秀的人,总对这个世界充满好奇心,只要感兴趣的行业,就有能力做到最好吧。

张诗的创业初始团队共有5人,核心技术研发来自技术总监王驭陌博士,由王博士负责机械精密仪器的制造。组织架构上,团队成员专业互补性强,整体创业意识浓厚。更厉害的是,项目的指导老师均为相关领域首席专家,在行业内具有强大影响力,也为他们提供了更广阔的视野和加深他们对行业的理解。很多创业项目,成功的第一步确实是站在巨人的肩膀上;而“巨人”,也更愿意托举那些有开拓性的项目和有成长力的人。

身处中国科大,张诗说,女性科研工作者的比例确实远不如男性,但她还是觉得作为一名女性从事科研项目有自己的一些优势,会更严谨、更精细,处理问题也会更柔软细心。比如在研发这台设备过程中,进行养料问题研究时,因为要观察整个发酵过程,女生的观察记录就会更加仔细些。而无论是在对内还是在对外的协调沟通上,女性也有天然的亲和力。

张诗公司的名字很特别,叫"秉遗穗环保科技有限公司"。

后来查看资料,才知这三个字出自唐代白居易的诗歌《观刈麦》:"复有贫妇人,抱子在其旁,右手秉遗穗,左臂悬敝筐。"一位妇人,左胳膊提着筐,右手拾拣着别人遗落在田间的谷穗,这和他们从事的行业有些许意象上的相通,都是在默默珍视着每一粒粮食的归途。

取这样一个有些拗口、又有些不明觉厉的公司名,大概是一位女性创业者骨子里文艺气息的最后倔强吧。

项目价值

近年来,随着我国城市化进程的加快,垃圾分类成为当下制约我国环保事业发展的瓶颈之一,也是造成环境污染、资源再利用困难的根源之一。近年来,政、学、企各界都一直在关注、研究和推动垃圾分类。2016年12月,习近平总书记主持召开中央财经领导小组会议研究普遍推行垃圾分类制度,强调要加快建立分类投放、分类收集、分类运输、分类处理的垃圾处理系统,形成以法治为基础、政府推动、全民参与、城乡统筹、因地制宜的垃圾分类制度,努力提高垃圾分类制度覆盖范围。

据前瞻产业研究院统计,2018年餐厨垃圾产生量达到1.08亿吨,2010~2018年复合增长率为4.11%。过去由于未强制垃圾分类,餐厨垃圾大部分以干垃圾形式被焚烧或填埋,分类后的餐厨垃圾处理规模较小。处理餐厨垃圾的传统方式为焚烧和填埋,但这两种方法对生态环境均有较大伤害——餐厨垃圾焚烧处理会产生大量有害气体二噁英;填埋处理占用大量土地,容易对地下水及周边环境造成二次污染。餐厨垃圾无害化、资源化处理的市场扩容,餐厨垃圾处理设备需求提升。餐厨垃圾可细分为油脂、水和固体废渣等三个形态,其中油脂和固体废渣富含有机物,可以生产油脂、沼气、有机肥、土壤改良剂、饲料添加剂等,因此需要分别进行处理,对处理设备有较高要求。未来随着餐饮垃圾市场持续扩容,无害化、资源化处理的诉求逐步显现,专业的餐厨垃圾处理设备需求有望持续扩大。本项目提出基于物联网和工艺创新的综合治理方案并研发相关设备,包括智慧物联的三相分离模块、固相残渣资源化利用模块、基于物联网的智能模块、智慧互联及大数据分析模块和人机交互界面,降低市场垃圾处理压力并形成垃圾资源化的良性循环,解决垃圾污染的问题。对于垃圾处理副产物,其中的有机肥可直接从设备中提取使用;对于废弃油,项目也可以利用新型处理技术进行回收,以形成产品闭环。

本设备采用框架模块结构,针对我国餐厨垃圾的主要特点,提出全新的自适应破碎与三相分离装置,将集成自动垃圾提升、破碎挤压、三相分离、定量数据统计等功能,同时采取模块化设计,结构紧凑,可根据用户的实际需求调整功能模块以及垃圾日处理量。整机由自动提升、分拣、破碎、挤压输送、废水处理、废气处理、智慧互联及大数据分析模块和人机交互界面等功能部件组成。可根据日处理量搭配不同处理能力的功能组件,创新的餐厨垃圾就地处理概念可使垃圾在来源地(小区、园区、校区、酒店集中区)进行就地处理,省去运输环节,节省运输成本,消除运输过程中的跑、冒、滴、漏及异味问题,具有处理效率高、垃圾全网监管等特色优势。可实现餐厨垃圾在产生源头就集中收集处理,物联网数据分析技术可避免垃圾回流餐桌,节省运输成本、有利于环境卫生。

三相分离装置

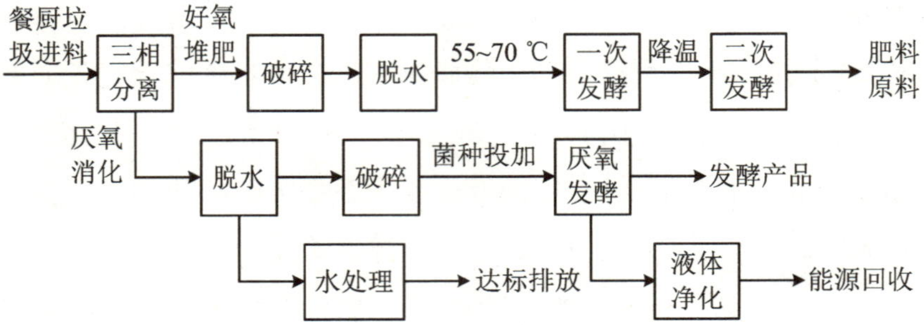

垃圾处理技术方式流程图

设备及方案原理新颖，结构简单可靠，成本低廉，填补了市场这一领域的空白，结合物联网技术与大数据技术，随设备持续使用收集更多数据，将会更加了解国人的饮食习惯，更加了解不同地区的饮食差异。该设备还具有二次开发的功能，可以通过持续的开发，赋予该设备更加强大的功能、更精准的餐厨垃圾处理技术，以及便于在工业现场与上下游设备集成等优势。

本产品的主要目标客户为全国的餐饮商。针对直接购买设备的客户，公司无偿提供市场中合法收油收料企业的对接服务，让利企业；公司针对购买设备有困难的小型餐饮企业及企事业单位提供较低月租的租赁服务，此类客户的垃圾处理回收物归属公司，公司销售垃圾处理回收物将产生稳定的收入；基于智慧餐厨垃圾管控云平台的远程配置PLC程序、设备远程锁定及远程解锁、设备破坏后的系统锁定、远程故障诊断等功能以成本价向客户提供运维和售后服务。

访谈心声

主持人：你是今天路演项目中唯一的女性负责人，项目又跟生活密切相关，是有关厨余垃圾处理的，想问你平常做家务吗？自己会如何处理厨余垃圾？

张诗：现在国家的垃圾分类越来越严谨了，特别是上海政策出台时，很多段子在朋友圈刷屏，给大家很好科普了一下各种垃圾的分类。在垃圾分类之前，我也几乎是把所有垃圾都放到一个垃圾袋里回收带走，这样极易滋生细菌。正是考虑到环保问题，我们才提出这项技术，可以很快地把固、液、气三种不同状态的残渣进行处理。

主持人：项目进行过程中，有没有遇到一些瓶颈或困难，让你觉得很难突破？

张诗：有。因为我们研发的设备是进行三相分离的，厨余垃圾进去后，要判断它的成分，然后再决定是实施好氧堆肥还是实施厌氧消化，这是我们的技术难关。当时也查阅了很多国内外文献，请教了很多各方面专家，用了好几个月时间，才成功突破，提升了30%的降解率。

主持人：瓶颈期的那三个月，您和团队是如何度过的呢？

张诗：因为大家还是学生，遇到问题第一点想到的还是查阅资料，根据国内外杂志上的方法都做过一些实验，发现降解率没得到很大提升；又去请教学校老师，老师推荐了一些新方法，还推荐我们去咨询一些在这方面更专业的教授。因为整个过程还同步在培育新的菌种，所以总体花的时间比较长。

主持人：刚才有导师点评，这个项目中还有个回收过程。最初为什么会设计这样一个环节？回收会面临大量的服务和后续跟踪，这个工作量非常大。

张诗：因为我们做的设备就是处理餐厨垃圾，处理完之后会产生废油废料。如果光卖设备，处理剩下的废油废料归买家所有；但因为涉及一项租赁业务，产生的废油废料归我们所有，这项业务迫使我们不得不考虑回收问题，所以又去联系一些专门收购废油废料的公司进行对接，因为要避免产生地沟油问题。

主持人：老百姓对地沟油深恶痛绝，你们是如何防止地沟油重回餐桌的？

张诗：我们有一个智慧物联网模块，收了多少厨余垃圾，产生多少油、多少料，产生的是什么肥料之类的，都可以在物联网平台上实时跟踪，这个模块保证了我们从源头就在控制地沟油，而且我们处理出来的废油是达标的，它的来源、怎么处理、处理之后去了哪里，都在智慧物联网模块上有追踪，可以从源头上避免地沟油上餐桌的问题。

主持人：您刚才说到，对于整个厨余垃圾处理过程、它的来源、最终去向，都会有一个非常严格精密的追踪体系。我特别关心这些废油最终去了哪里？或者有没有什么技术实现了它的转化再利用？

张诗:我们这项技术主要解决的是让废油达标,本身不对这些废油、废料做二次开发,所以都是直接交给专门处理这方面的厂家,他们如何利用,我们也不太清楚。

主持人:未来有没有可能实现向下游产业的延展呢?

张诗:废油、废料的二次开发,技术难度其实还挺大的,目前没有考虑。

主持人:你们的创业项目,目前来看还比较成熟。有没有考虑过未来会面临什么样的挑战?

张诗:挑战更多的应该还是集中在技术问题上吧,因为我们是制造行业,通俗一点说就是卖设备的,技术壁垒其实不高。

主持人:很容易被打破。

张诗:对,这个问题确实比较严重。虽然有专利,也不能保证别的公司不复制模仿。所以我们下一步如何在技术上不断实现新突破,让自己的技术始终领先,让设备不那么容易被取代或超越,是我们要努力的方向。

主持人:任重道远。

专家点评

该项目与我们的生活非常贴近，让人们感觉到科研、科技与我们的生活是息息相关的。相较于传统餐厨垃圾的处理方式，本项目基于物联网技术，并有自己核心的三相分离技术及成型的设备，提出基于物联网和工艺创新的综合治理方案并研发相关设备，包括智慧物联的三相分离模块、固相残渣/废油资源化利用模块、基于物联网的智能模块、智慧互联及大数据分析模块和人机交互界面、降低市场垃圾处理压力并形成垃圾资源化的良性循环，从根本上解决垃圾污染的问题。

相比市场已有的传统餐厨垃圾处理方式，本项目在技术上有一定优势，但这种技术很容易被模仿，要不断提升、优化相关技术优势，这是项目的核心竞争力。在市场的开拓方面，仅靠市场的动力肯定还不够，还需要一些针对性的营销，特别是大型的食堂、餐饮企业，最好能取得政府的助力，这会让项目更有保障。已有的纯机械类的产品壁垒都相对较低，因为它的可复制性非常强，应尽快建立规模和品牌优势。项目中提到的租赁模式是一种很好的方式，但要将其扩大形成规模效应，则需要的很大的资金支持，所以要做好融资规划，同时要辅以政府的作用，因为你可以解决一些比较大的连锁餐饮企业、学校和社区餐厨垃圾处理的问题，这应该说是一个社会问题，也是一个环保问题，如何让政府去推这个事情，以什么样的方式去做要认真思考。

除了面向企业市场外，也要考虑未来居民个人的付费可能。现行污水处理是要在自来水的缴费里面包含这部分的费用的，垃圾处理，特别是餐厨垃圾处理是不是包括在其中要打个问号，因为这涉及重大的政策性问题。

管理，是一种思维方式，思维方式的背后是系统方法、法治精神和人文关怀。

我们经常会用一些不是管理的手段替代管理，还以为那就是真正的管理。比如，用所谓的绩效指标替代过程分析，用裙带关系替代企业文化，用利润率而非员工成长来描述企业的健康。企业管理，本质上就是比成本。那些不是管理的管理手段，刚开始成本低，但很快会上升到你不能承受的程度。而职业化的管理，刚开始成本看起来挺高，但它是良性的、可持续的，是有助于企业健康发展的。

本项目的团队，由不同背景的多元成员构成，尤其具有强烈的人文背景，我们希望这一特征，能够为未来的创业过程增添些许“隐形”动力。

在高校开展创新创业教育，不仅可以让同学们学习创新和创业的方法，更可以推动同学们去了解人、了解社会、了解市场，建立脚踏实地、追求卓越的工作作风，因而具有重要的现实意义。

——李斌（中国科学技术大学信息科学技术学院教授，中国科大创新创业导师）

中创材料：
特种材料及结构制造的爆炸复合解决方案

随着我国军事科技的发展，很多由单一金属板材和管材制备的军需武器及设备零部件，已无法满足诸如强冲击、烧蚀、强腐蚀等恶劣的服役环境，导致材料损耗及维修成本上升。为了解决这一问题，该项目结合金属板材、管材的具体军用场景，基于爆炸复合技术，针对性地提出了材料及结构改进方案，以满足武器设备的服役要求。项目团队研发了包括金属板材啮合界面爆炸复合、金属圆管水下爆炸复合以及薄膜爆炸复合技术，全方位地实现了对金属箔材、板材到管材复合业务的涵盖，突破了现有技术手段制备金属复合材料时面临的强度不够、尺寸受限及无法复合难熔材料的限制，在降低制造成本的同时，强化了复合材料的特定性能，将其应用拓宽至军工领域。其中，啮合界面爆炸复合板的应用解决了诸如舰船底板的抗强冲击问题；水下爆炸金属圆管的使用突破了枪膛、炮管在持续发射弹药过程中的烧蚀难题；薄膜爆炸复合技术更是避免了军用设备零部件在强腐蚀、强辐射等特殊环境下的损耗及失效。目前，适用于军工的高性能金属复合材料需求庞大，而大多数材料制造公司的技术研发只面向工业需要，少数类似的产品也无法满足军用材料对性能的苛刻要求，因此，该项目前景广阔，在服务国防的同时能创造很高的经济价值。

核心团队

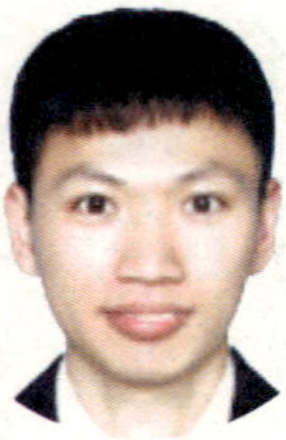

杨　明

工程科学学院博士后

余　勇

徐俊峰

陈子俊

周　恒

程　晨

创客故事

一代材料一代装备，助力中国武器更新换代

新材料，是发展制造强国的基础

2020年12月1日，嫦娥五号探测器成功在月球正面预选着陆区着陆，开启了为期两天的探月面采样工作。举国上下一片欢腾。中国成为继苏联、美国后，全球第三个发射从月球运回月壤的探测器的国家。

杨明看到这条新闻时，首先想到的是自己的专业。作为中国科大工程科学学院博士后，他对"一代材料一代装备一代产业"这句话感触特别深。中国航天的深空探测，也少不了一代代材料人的不懈努力。

"加油！落月后狠狠刨一管子，刨深点，拿回来瞧瞧到底有没有桂花泥和兔兔粪。"在这么严肃的新闻下刷到这样一条留言，他笑了。这代网友真是可爱，相比于俄罗斯网友的醋味儿，中国网友自信放松很多，这和祖国软实力的不断提升密不可分。

杨明是优秀的科大学子，从本科一路攻读到博士，曾以第一作者发表SCI论文10篇，EI论文3篇，申请发明专利4项；还曾获得过2020年中国科学院院长优秀奖、2019年中国科大博士国家奖学金、2018年安徽省工程爆破协会科学进步特等奖等多项荣誉。

但让这位博士后科普一下什么是材料学，他真有点犯愁，该从哪儿说起呢？

这也是他想创业的原因。他希望自己的科研成果能运用到实际生产生活中，也希望大众能直观地理解自己的专业。

2015年5月，国家发布了《中国制造2025》，这是中国实施制造强国

战略第一个十年的行动纲领。制造业是国民经济主体，没有强大的制造业，就没有国家和民族的强盛。

随着全球高端制造业的快速发展，新材料作为制造业各重点领域的基础，位列"信息、材料、能源"三大基础产业之一，重要性不言而喻。

金属基复合材料，助力中国武器更新换代

在科大"双创"学院"新苗计划"创业辅导会现场，杨明路演的题目叫《军需特种材料及结构制造的爆炸复合解决方案》。

"我们课题的技术目标，是解决特殊材料组合无法负荷及一般材料复合强度不够的问题，以提升其抗冲击性能；技术价值，是通过实验异构截面的材料失效、极限抗爆能力，为其在舰船、汽车等领域的应用奠定基础。"

听完他非常专业的介绍后，台下辅导老师提问："这个项目和爆炸有关吗？应用场景全是军工领域？"

"不是。"杨明忙解释道。虽然项目的名称有些劲爆，但他们输出的其实是一种技术，可以根据不同应用场景合成不同的材料，来提升制造业的发展。杨明说："在这种技术指导下生产出的产品，其实离生活很近，日常生活中也常会用到，比如化学容器、输送管道、自来水管等；一些民用工业品的生产也会采用，比如汽车、飞机的制造。"

老师们很好奇，那为什么创业方向选军需特种材料领域？众所周知，军工行业的准入门槛非常高，耗费的时间成本也大，对很多创业项目来说，时间的窗口期异常珍贵。

这既是因为一些资源的匹配度，更重要的原因，大概源自男生们心底的军事梦吧。

很多男生从小都喜欢看军事科普类杂志，杨明也一样。军工新材料一直是发展高新技术武器的物质基础。而我国目前的部分军工材料，已

不能满足高新武器发展的需求，甚至成为制约武器装备发展的“瓶颈”。随着新一代先进武器装备进入爬坡上量阶段，杨明的研究方向——金属基复合材料，作为理想的结构性材料，或将迎来高速发展期。

“我们团队创业的初心，就是以自主创新技术为核心，始终致力于研发高性能、适用性强的金属基复合材料，助力我国武器装备的更新换代。”

科大能量场，学子创业的起点

在杨明的创业商业计划书上，关于团队优势这样写道：“团队成员均来自中国科学技术大学，涉及物理、材料、管理、财会等多个专业领域，团队核心成员曾多次参与创业项目。”

确实，他创业的起点，离不开科大这个能量场。

如果没有中国科大工程科学学院作为技术研发保证，没有指导老师马宏昊副教授的引路，没有师兄们给出的市场信息和机会，没有科大“双创基金”的启动资金扶持，没有学校提供的各种创业辅导课程……项目可能都走不到今天这样的顺畅状态。

杨明所在的实验室一直以做应用为特色。之前毕业的一些师兄,进入军工系统工作,师兄弟间常交流,师兄们常会谈到工作中一些困境,比如制约武器装备发展的材料“瓶颈”。实验室得到市场一线信息后,也逐步确定了课题方向。

真正让团队下定决心创业的是一年多前一个做核聚变装置的师兄给的信息,他们研发的装备需要一种结构,而杨明所在的实验室科研技术恰好可以解决这个问题。团队通过一年多的努力,把这个技术难题攻克了,同时觉得有广泛的应用前景,可以进一步市场化,这就是这次创业的契机。

项目指导老师马宏昊副教授,兼任中国工程爆破协会理事、中国力学学会爆炸力学专业委员会爆轰专业组组员、安徽省爆破作业人员培训专家等职务。马老师与国内多家军事研究所有过项目合作,并同国内外知名爆炸复合企业建立了良好合作关系,对复合材料在军工领域的应用有着独特深刻的理解。如此有市场经验的一位导师,也为学生们的创业起到了保驾护航的作用。

能顺利对接上市场,当然是占了先机;但一个创业项目想走长远,更重要的是自身实力。

杨明很自豪地介绍,他们的技术优势明显,目前已获得10余项发明专利,研究水平领先于同行,达到国内一流水准。

而且项目还在研发过程中,就已经与30多家军工单位进行了合作,还取得了一些成果,比如安徽省科技进步二等奖,安徽省第九届“挑战杯”创业计划大赛金奖等。这是一个在市场验证下不断成长起来的好项目。

要有勇气,为自己喜欢的事试一次

怎么看,这个创业项目都是个“幸运儿”,每个节点顺畅到让人羡慕。

回顾这一年多的创业史,杨明自己也承认:“总体来说还挺好,没遇过特别多的阻力。”

现在对他最大的挑战,反而是公司的管理和商务拓展等工作。团队一开始基本上是实验室里的人,后来发现大家有个共同特点,就是做技术挺好,但做商务、与人交流等很多方面的能力还是有欠缺的。杨明觉得应该请擅长的人做擅长的事,和初创团队商量后,不断有销售、推广、财务专业的伙伴加入。

敏锐地发现问题,快速找到解决路径,对于一个理工科学霸来说不算太难。

创业对杨明最大的挑战,反而是在人生观、价值观的选择上。

最开始一段时间确实觉得挺累,和客户沟通,参加各种创新创业大赛,这些都是之前不擅长的。能坚持苦读到博士的人,对专业肯定还是很热爱的,也会有做学术研究的天赋。他时常感觉,还是搞搞科研更加单纯,日子也更加得心应手。而且博士后工资收入又不低,毕业了选择一家企业做学术研发,养家糊口应该也是没问题的。有惜才的老师还曾语重心长地提醒他:去创业,科研肯定会被耽搁,一个人的时间和精力就那么多,一定要想清楚。

真正让他下定决心去创业,还是因为倾听了内心的声音。

杨明觉得,能把自己所学、所研究的东西推广出去,在实际生活中应用起来,给他的兴奋感远大于发一两篇论文。在他看来,在象牙塔里安心做科研是种幸福,到市场上拼搏,把自己的产品和技术推广开来,也非常有挑战性。两者并没有轻重之分,只是个人价值观的选择。

“我觉得师弟师妹们如果对创业有兴趣,可以尝试一下,毕竟年轻，即使失败了也不后悔。就像我当初想的，如果这个机会试都不敢试一下，以后一定会想，万一当时成功了呢，我不想给这辈子留下什么遗憾。"

所谓真的勇气，大概就是可以为自己喜欢的人和事，全力拼搏一次吧！

项目价值

"一代材料、一代产业"，新材料已成为支撑我国产业升级的关键所在，尤其是特种材料在我国军备全面升级大背景下将发挥至关重要的基础性作用，财政资金的投入也稳步增加；另外随着科技的飞速发展，现有的各种普通金属材料已经不足以满足日趋多样化的应用场景，对材料的研制提出了更高的要求。

伴随着这些需求，特种新材料市场正在日益成为一个体量巨大的市场，如同晶体管代替电子管一样，从普通材料到特种新材料的更新换代也成为大势所趋。

特种新材料的应用场景

该项目以提供强化金属基复合材料的技术解决方案为核心,包括制备适用于舰船、坦克装甲等抗强冲击环境下的啮合界面爆炸复合板材技术,适用于军用炮膛、枪膛及民用传热管、管道等抗强热、烧蚀的金属基复合圆管技术,以及设备及仪器表面改性的薄膜爆炸复合技术,全方位满足军民市场对高性能金属板材、管材及箔材等的需求。

本项目的技术原理与特点如下:

一是提出了啮合界面爆炸复合新技术,解决了传统技术手段在面对物化性质差异较大的特殊材料组合时存在的复合强度不足或无法直接复合的难题。

二是基于自主研发的能量可控型金属爆炸索,建立了直线内爆复合以及螺旋外爆复合等多种金属圆管爆炸复合新工艺。提出水下爆炸复合新概念,摘除了传统爆炸复合工艺中的强约束模具,复合成本大幅降低。基于这一系列核心技术,成功实现了如铝钢、铜钢等多种异种金属管的冶金结合,其最大长径比达5米以上,为目前所有报道之最。同时，相比于传统机械方法，其结合强度优势明显。此外，建立了较系统的水下爆炸复合新方法的技术体系和参数计算方法。同时，在传统爆炸复合理论的基础上，考虑复管塑性变形对焊接效果的影响，修正了相应的理论计算公式。通过自主研发的PVDF压电薄膜搭建了爆炸复合动态参数测量系统，测量结果与修正后的理论吻合良好，可为枪膛、炮膛管等军用高性能复合管的制备提供有效的理论支撑和可靠的技术解决方案。

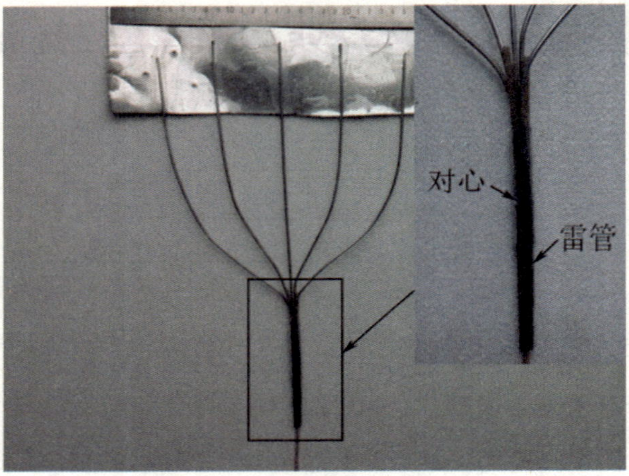

能量可控型金属爆炸索图

三是通过专用炸药的研发以及焊接装置的研制，并结合理论计算和SPH仿真进行优化设计，建立了微米量级金属箔与基体材料的爆炸复合新工艺。目前，已成功实现了钽、银、钛等数十种金属箔与基体材料的高质量爆炸复合。相比于传统覆膜方法，该技术的优势主要体现在突破了传统工艺对覆膜材料种类的限制，在拓宽使用场景、提升基覆体材料结合强度的同时极大程度地降低了生产成本。

薄膜复合专用炸药

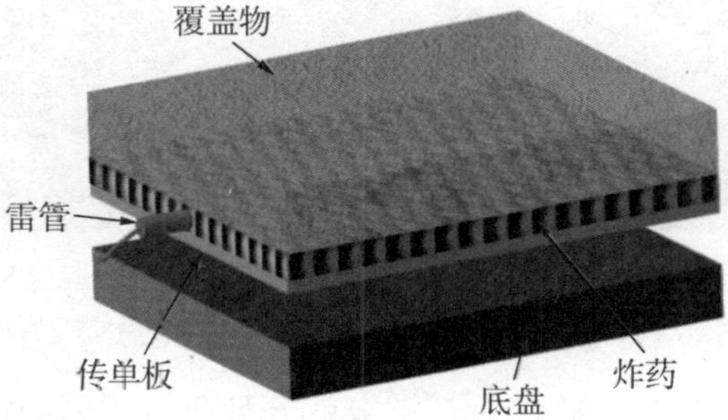

薄膜复合装置示意图

本项目基于自主研发的核心技术优势,有望将爆炸复合技术拓宽到各类应用场景。啮合界面爆炸复合材料由于抗强冲击力学性能的优势,将在武器装备、舰船防护、汽车、建筑、机械、海洋船舶等领域具有良好的应用前景和价值;以自主研发的含能材料爆炸索制备的小口径大尺寸金属圆管可解决军用武器枪膛、炮膛管耐高温烧蚀的问题;薄膜爆炸复合技术通过将微米量级的金属箔覆盖在金属设备及零部件基体表面,既不会影响其固有的性能,还能增强表面的环境抗性,具有广阔的应用前景和广泛的实用价值。

访谈心声

主持人：你是从什么时候开始做爆炸复合材研究工作的？

杨明：我是从硕士研究生二年级就开始做这个课题的研究，大概是四年前开始的。

主持人：整个创业过程，用你的话说，还是比较顺利的。你觉得整个过程中，有哪些特别惊喜或特别欣慰的事？

杨明：我们的技术积累是在几年前，但找到它的应用场景是在一年多前。一个做核聚变装置的师兄告诉我们，他们的装备需要设计一种结构，我们的技术应该可以解决这个问题，实验室就开始做这方面的研发。团队通过一年多的努力，把这个技术难题攻克了，同时大家觉得它也很有应用前景，我们应该以这个技术为基础，进一步市场化发展。就是从这时开始，大家才决定创业的。

主持人：师兄的单位现在已经开始应用你们的技术了？

杨明：对。

主持人:你觉得创新创业带给你最大的收获是什么?

杨明:更清楚地认识自己吧。最开始有段时间确实觉得挺累的,毕竟那时在科大还是学生,感觉做科研感觉会更好,因为我们靠科研养家糊口没什么问题,我们老师也特别建议让我想清楚,创业可能会耽搁科研。但真正让我下定决心创业的,还是觉得自己可能更加喜欢这方面一些吧,能把自己所学、所研究的东西推广出去,这让我感觉到的兴奋远比发一两篇文章来的快感要更充足。

主持人:觉得自己的科研更有价值了?

杨明:对。

主持人:罗振宇说过一句话,创业者都拥有婴儿般的睡眠,就是夜里总自己哭醒很多次。创业对内对外都会面对很多挑战,现在回头想,你不后悔吧?

杨明:不后悔。人至少要为自己喜欢的事情尝试一次。

主持人:刚才我们聊到你研发的这个特种材料,还是觉得离我们普通老百姓很远,路演也很高深。平时你怎么向一些非专业人士介绍项目呢?

杨明:我们这个技术,名字听上去可能比较高深,其实离生活特别近,像我们做的特种材料,很多地方都可能会用得到,日常生活中,比如说一些化学容器用的就是这种材料,汽车、飞机制造上也会用到我们做的这种材料。

主持人:还有哪些领域?

杨明:比如说那些输送管道、自来水管之类的,都有可能用到我们的材料。

主持人:是不是这种材料特别耐用,或者它的质量特别棒?

杨明:我们其实提供的是一种技术,我们通过技术可以合成不同材料,根据不同的应用场景,可以研制出不同用途的专业材料。

主持人:创业过程中,得到了哪些支持?

杨明:最开始是创新创业学院的老师给了我很多自信,给我们安排了专门的创业辅导老师,并对我们的项目报告做改进。刚开始上台演讲时真的特别紧张,老师们一直笑容满面耐心听我讲,还给了很多中肯的意见。

主持人:还有其他什么帮助呢?

杨明:给予了“双创基金”的支持,资金上的扶持对创业之初的我们真的很重要。

主持人:对和你一样有创业梦想的学弟学妹们有什么建议吗?

杨明:我觉得学弟学妹们如果对创业有兴趣,可以试一下,这样即使失败了也不后悔。因为如果你都不去试一下,以后就会想,万一我当时成功了呢!不要给自己留什么遗憾。

专家点评

经常有人认为创业跟科学研究差得很远，认为下海创业做的事是跟科研完全不一样的事情，其实并非如此。

当代西方最有影响力的哲学家卡尔·波普提出一个观念：科学上的突破，是建立在一个猜想与反驳的模型上的。科学研究首先是一种猜想，我们对这个世界的某一个规律提出一种猜想。但是科学研究最重要的事情，并不用证明这个猜想的正确性。世界之大，无奇不有，如果你想证明一个东西的正确性，你应该总是能找到论据的，这样的话，你的认知就永远滞留在猜想上。科学家真正要做的事，是提出一个猜想，然后对这个猜想提出反驳、提出证伪，跟整个世界进行全面的接触，让种种的事例、反例来冲击这个猜想。当所有的事实都没法将你的这个猜想冲倒的时候，那就证明你这个猜想是正确的。

创业跟科学研究的过程是非常相似的，当我们开始创业的时候，我们是提出了一个关于客户需求的猜想，然后我们就开始做实验，这个实验事实上就是一个把市场作为实验室的实验。

常识认为，创业的目的就是为了赚钱，一个不赚钱的公司是不道德的。迈克尔·波特说，让天使来经营一家公司，他也要赚钱。我们都不假思索地认为创业就是为了挣钱，当你一直不挣钱的时候，你的公司就破产了。

但这只是表面现象，创业公司的功能首先不是为了挣钱，而是为了挣另外一种东西，挣什么呢？挣一种认知。当然我们说挣认知，它不是一种科学的认知，它是关于客户、关于用户、关于市场的认知。说得简单一点,做公司就是做实验。

我们在创业的过程当中,或者说我们在做这样一种商业性的、特殊的实验过程当中,我们挣来了认知,通过不断的积累、精炼、深化,这种对于客户和市场的认知会越来越精、准、狠。最终它会体现在产品上,在为客户创造价值的时候,同时会为公司创造价值。所以挣钱是个结果,是我们挣来认知以后的一个自然的结果。

杨明和他组建的团队,选择了不同于学术研究的人生发展路径,把自己放进了一个更大的实验场里,我们期待他带着他的技术、团队和热情,去收获更有价值的认知。

创新创业之路没有终点

愿我们蓦然回首时

永远不会忘记那些奋斗的时刻

以及陪伴我们成长的人

——中国科学技术大学创新创业学院

中国科大创新创业学院微信公众号